中級フランス語

つたえる文法

曽我祐典 Soga Yusuke

白水社

装丁　　　　　森デザイン室
本文レイアウト　山崎弓枝

はじめに

　「聞き手に意思をうまく伝えるための感覚」を育てること、それがこの本のねらいです。

　コミュニケーションで大事なのは、聞き手がどう受け取るかです。対話場面や人間関係に応じて表現を選ぶのは、もちろん日本だけのことではありません。フランスでも、聞き手の反応を想像し、どのように働きかければ効果的か考えながら話しています。たとえば、「よそに行こう」と言う場合、"Allons ailleurs." が適切なこともあれば、"Si on allait ailleurs ?" の方が適切なこともあります。この本では、フランス社会におけることばづかいについて、基本的なことを見ていきます。

　文法も、大事なのは知識の量ではなく、センスです。言いたいことに「しっくりくる」と感じる能力です。"Allons..." と "Si on allait... ?" では聞き手が受けるインパクトが違いますが、使い分けを左右するのは命令文や仮定表現をめぐる感覚です。この本では、動詞と構文を中心に、フランス語のしくみを体系的にとらえて表現感覚を養うように努めます。

　最後に、Jean-Paul Honoré さん (Université Paris-Est) や Olivier Birmann さん (関西学院大学) をはじめとする友人たちとの対話がこの本の土台になっていることを言い添えておきたいと思います。

2011 年 4 月　曽我祐典

目　次

はじめに　　　　　　　　　　　　　　　　　　　　　　　　　　　　　3

1章　フランス社会でことばを使う　　　　　　　　　　　　　　7

1課　フランス語にも敬語はある？　― 日仏の共通点と差異　　　8

2課　先生に話すのに tu で大丈夫？　― 聞き手との関係を示す代名詞　12

3課　çaで人をさすのはどういうとき？　― 指示代名詞 ça, ce のはたらき　16

4課　onで聞き手をさすときは？　― 不定代名詞 on のはたらき　20

5課　tu, vous を使って一般論？　― 代名詞の意外な用法　24

6課　「それください」は "Donnez-moi ça !" か？　― 命令文のはたらき　28

7課　伝わるのは行為・コトのイメージだけ？　― 原形から接続法へ　32

コラム　　よくある悩み、よくある質問　　　　　　　　　　　　36

2章　タイムマシーン「直説法」を使いこなす　　　　　　　　37

1課　ある人について "Elle boit." と聞いた…

　　　　　　　　　　　　― 現在スペース：現在形と複合過去　38

2課　「外出中」は "Elle sort." ではない？

　　　　　　　　　　　　― 現在形とペアを組む複合過去　42

3課　過去を振り返り、未来を展望するとは？

　　　　　　　　　　― 現在スペース：複合過去と未来形・前未来　46

4課　「あのころ」に飛ぶマシーンのしくみは？

　　　　　　　　　　　　― 過去スペース：半過去と大過去のペア　50

5課　「忘れていた」は "J'oubliais." ではない？

　　　　　　　　　　　　　　― 半過去と大過去の使い分け　54

6課　過去において展望した未来のことは？

　　　　　　　　— 過去スペース：条件法現在と条件法過去　　58

7課　"Si on allait ailleurs ?"が丁寧なのは？

　　　　　　　　—〈si 節〉の時制と si のはたらき　　62

コラム　　表すときの快感と不快感　　66

3章　聞き手に配慮しながら伝える　　67

1課　人やものごとの調子をたずねるには？　　— ça と aller の単純形　　68

2課　ウエイターが「サアエテ？」と聞くのは？　　— être の複合過去　　72

3課　今の話を"Je voulais..."で？　　— 欲求を伝える発話と半過去　　76

4課　"Je venais..."は遠慮がち？　　— 聞き手を脅かさないための半過去　　80

5課　「代名動詞」という動詞はない？　　—〈se + 動詞〉のはたらき　　84

6課　"Elle s'est mangé six pizzas !"とは？

　　　　　　　　—「想像」と「快楽」の〈se + 動詞〉　　88

7課　「そうかも」は"Ça se peut."で表せる？　　— pouvoir のはたらき　　92

コラム　　映画はアンテナを張って　　96

4章　事態にともなう状況を表す　　97

1課　コトにともなう時間的状況とは？　　— 関係辞 avant のはたらき　　98

2課　「出かけるまで」は jusqu'à partir でない？

　　　　　　　　— 関係辞 avant と jusqu'à　　102

3課　目的だけでなく原因・理由も pour で？

　　　　　　　　— 関係辞 pour と si bien que　　106

4課　après のあとは〈que 主語 + 接続法〉？

　　　　　　　　— après と接続法・直説法　　110

5課　"Elle sera à Paris depuis que..."が不可なのは？　　— depuis の用法　　114

6課　大人に"que tu es toute petite"と現在形？

　　　　　　　　　　　　　― depuis と〈que 主語＋現在形〉　118

7課　同時・並立・理由を表す comme の正体は？　― bien, alors, comme　122

コラム　　表現力を伸ばすために読む　　　　　　　　　　　　126

5章　人の思いと自分の思いを伝える　　　　　　　　　127

1課　ひとの発言内容は事実か？　― 発言動詞の個性　128

2課　「～と言っていない」が肯定文で表せる？

　　　　　　　　　　　　　― nier, démentir と douter　132

3課　「おもう」にもいろいろある？　― trouver と croire, penser　136

4課　気づかないのは、コトが存在しないから？　― 思考動詞と事実性　140

5課　見えていなくても voir は使える？　― voir のはたらき　144

6課　"J'ai entendu que..."は「伝聞」か？　― entendre のはたらき　148

7課　entendre を使って聞き手に働きかける？

　　　　　　　　　― entendre と voir の「理解」の用法　152

コラム　　対話能力を伸ばそうとする姿勢で　　　　　　　　156

6章　聞き手にうまくはたらきかける　　　　　　　　159

1課　"Il est l'été."と言わないのは？　― 非人称構文　160

2課　「あらたまり」は聞き手からの距離？　― je と ça, ce と非人称の il　164

3課　対人関係を croire で調整する？　― je crois と il me semble　168

4課　"J'aimerais..."で希望が伝わるのは？

　　　　　　　　　　― 欲求・好感の動詞と条件法現在　172

5課　うまくはたらきかける言いかたは？　― 聞き手の認識・共感、婉曲　176

索引　　　　　　　　　　　　　　　　　　　　　　　180

1章
フランス社会でことばを使う

コミュニケーションにおいて大事なのは、聞き手がことばを
どう受け取るかです。話し手は、聞き手との関係や対話場面
の性格を踏まえて、聞き手の受け取りかたを忖度しながら、
どのように伝えるかを考えています。

意外かもしれませんが、フランスは、社会の基本的なしくみ
が日本とよく似ています。言語生活も、もちろん違いはいろ
いろあるけれど、基本レベルでは共通点がたくさんあります。
だから、フランス語コミュニケーションには、私たちが日本
社会で身につけていることばづかいの感覚がかなり応用でき
ます。

話し手は、対話場面を中心に広がる世界の人・事物や行為・
コトを捉えて話題にします。この章では、どのような捉えか
たがどのような伝えかたにつながるかを見ていきます。

1課　フランス語にも敬語はある？
― 日仏の共通点と差異

　敬語というものを、相手とのあいだの上下・親疎などの関係を調整することばづかい、とくに相手を立てることばづかいと考えれば、当然、どの社会にもあるはずです。「欧米ではストレートにものを言う」と思っている人もいるようですが、人に対する配慮がたとえばフランス社会に欠けているとは考えられません。実際、フランスと日本を比べると、政治・経済や家庭・学校・企業などの基本的なしくみも、人間関係の細やかさもよく似ています。人々が社会生活のどんな場面でどんなコミュニケーションをしているかは、同じようなものでしょう。個人差はありますが、大づかみにいえば、フランス人の言語生活は日本と似たようなものです。もちろん、これは基本レベルの話であって、より表層のレベルではたくさんの違いが見られます。共通点と差異をいくつか眺めておきましょう。

男ことばと女ことばの区別は？

　フランスでも、日本と同じように、昔からの性差意識がことばに表れることがあります。たとえば、女性には男性よりも上品な話しかたが求められる傾向。「バカなことをしてしまった」と言いたいとき、「バカなこと」は bêtise（< bête）でも品のない connerie（< con）でも表せますが、男性なら 1)a のように言って差し支えない場面で、女性には 1)b のような言いかたが期待されることがあります（もちろん、そんな「期待」をあえて裏切る女性も少なくありません）。

　1) a. J'ai fait une *connerie*.
　　 b. J'ai fait une *bêtise*.

　また、男は他人の前では ma mère「母」と言うのが適切とされます。だから、アルベール・カミュの小説 *L'Etranger* の主人公が 2)のように

maman を使うのは、人前なら社会人らしくないと受け取れます。

2）Aujourd'hui, *maman* est morte. Ou peut-être hier, je ne sais pas.

　　今日、お母さんが死んだ。もしかすると昨日かもしれない。

　一方、女はより優しく（より可愛らしく？）maman を使うことが容認または奨励される場合があります。

　さらに、同級生や同僚を"Camus !"のように姓で呼ぶのは、男性同士も減ってきているけれど女性同士はもっと珍しい。これも日本と似ています。共通点はほかにもありますが、違いの方に話を進めましょう。

歳の違いはあまり大事ではない？

　フランスでも敬老精神が発揮される場面はいくらでもありますが、歳の違いは日本社会ほどことばづかいに影響しません。たとえば、学生同士ならほとんど年齢差を（学年差と同様）気にしません。職場では、地位の上下はことばづかいに影響するけれど、同僚同士なら世代の違いがある場合でも対等の話しかたをすることが珍しくありません。

"Bonjour !"は客の方から？

　フランスでは、商店をはじめ、駅・銀行・郵便局・観光案内所などの窓口では、客の方から店員や職員に"Bonjour !"と声をかけています。ちょうど人の家を訪れるときのように、ひとことあいさつしてから相手のテリトリーに入っていくという感じです。

　メトロの"Vente"の表示がある窓口で回数券を買うとしましょう。3）のように、職員に向かっていきなり用件を切り出すと、「まず"bonjour"を」というむっとした口調のひとことが返ってくることがあります。そこで、"Bonjour"と言ってから回数券を求めることになります。

3）客 ：Un carnet, s'il vous plaît.

　　職員："*Bonjour.*"

　　客 ：*Bonjour.* Un carnet, s'il vous plaît.

窓口を訪れた客があいさつすることによって、職員とのあいだに人間同士のやりとりの場が生まれるという感じです。やりとりの後、回数券をもらって"Merci. Au revoir."と言って窓口を離れようとする客に、職員はにこやかに"Bonne journée !"「良い一日を！」と言ったりしています。

店の人にも家族にも "Merci !"

メトロで回数券を買って"Merci !"、買い物をして店員に"Merci !"、飲み物をもってきてくれたウエイターに"Merci !"。フランスでは、一日じゅう"Merci !"を言いながら暮らしています。日本でも幼児に「ありがとう」を言うようにしつけますが、お礼の相手はたいていよその人です。食卓で父親や母親にご飯をよそってもらったりスプーンを渡してもらったりしたら、そのつど「ありがとう、パパ［ママ］」「どうも」とお礼を言うようにしつけている家庭は多くないでしょう。ところがフランスでは他人に対するのと同じように"Merci, papa.", "Merci, maman."と言うのです。

家に招待してくれた人に、数日後どこかでまた出会ったとしましょう。"Merci encore pour l'autre jour !"「先日はありがとうございました」などとはあまり言いません。4）のように言うことはありますが。

4）C'était sympathique, l'autre jour.

楽しかったです、先日は。

贈り物をもらったり世話になったりした場合も、後日またお礼を言うことはほとんどありません。繰り返すのは、また同じことをしてほしいというサインと受け取られかねません。フランス人の感謝は熱烈なことが多いので、1回だけでも「感謝表現の総量」は日本と変わらないとも言えます。

何が微妙な話題か

フランスでも、親しい人と話すときはともかく、話題の選択には気をつかうものです。それほど親しくない相手の前では避ける方が安全と感じる微妙な話題があります。何が微妙かの感覚は個人差が大きいのではっきり

したことは言えませんが、プライバシーにかかわる話題を避ける傾向が日本より強いのは確かです。たとえば、年齢・出身地・勤務先・既婚かどうかなどについて、とくに必要がないのに好奇心から質問するのは慎むのがふつうです。また、自分が体調不良だとか仕事が不調だとかの「ぐち」めいたことばが謙虚さの表れになるということは、ありません。

別れぎわに温かいことばをかけ合うのは？

別れぎわには、5)のような〈bon +時期を表す名詞〉「良い〜を！」をたがいによく言い合います。

5) [午前中に] **Bonne journée !**　　　　[昼前に] **Bon après-midi !**

　　[週末近くに] **Bon week-end !**　　　　[土曜日に] **Bon dimanche !**

言われた側が6)のような返事をすることもあります。

6) **Merci, à vous aussi.**

5) を言い合うのは、以前は家族や友人・知人のあいだにかぎられていました。ところが、最近では店員やウエイターが客に向かって言うようにもなっています。スーパーのレジやキオスク、駅や郵便局の窓口でもよく耳にします。このように広まった理由は、はっきりしません。フランス社会でも人と人のつながりが希薄になってきたのを寂しく感じる人が増えていて、温かいことばをかけ合おうとするのだと説明する人もいます。

これからなにかしようとしている相手には7), 8)のような〈bon +行為を表す名詞〉の組合せを言うことがあります。

7) **Bonne promenade !**　楽しい散歩を！

8) **Bonne lecture !**　楽しい読書を！

ときには、（少しふざけて）場面に応じた組合せを作って言うこともあります。たとえば9) は、本を探しに書店に行こうとしている友人または映画を観に行こうとしている友人に向けたことばです。

9) **Bonne librairie ! / Bonne toile !**

　　楽しい書店（本探し）を！ / 楽しいスクリーン（映画観賞）を！

2課　先生に話すのに tu で大丈夫？
— 聞き手との関係を示す代名詞

　話し手には、ことばを交わしている自分と相手がコミュニケーションの当事者で、対話現場の自分たちのまわりに世界が広がっているという意識があります。il(s), elle(s) のような 3 人称の代名詞は既出の名詞グループを受けることばですが、1・2 人称の代名詞はそれとは根本的に違っています。話し手は、いきなり自分のことを je で、聞き手のことを tu またはvous でさします。いうまでもなく、自分と聞き手をどのように表すかは、人間関係に大いに影響します。

nous は聞き手を排除する？

　nous は、〈話し手＋だれか〉をさす代名詞です。「他の人たちと違って」というニュアンスで「われわれは」と言いたいときは、1), 2)のイタリック体のように強勢形の nous をよく使います。2)の chez nous は、「わが家」から「わが国」までいろいろな集合について使います。

1）*Nous*, nous ne sommes pas d'accord avec le gouvernement.

　　われわれは政府に賛成ではありません。

2）Ça se passe mieux chez *nous*.

　　うちの方ではもっとうまくいっていますよ。

　「われわれ」が他と異なる人間の集合であることをはっきり打ち出したいときは、3) のように 強勢形 nous に autres を添えることがあります。さらに、集合の特性を表示したいときは、4) のように名詞を加えます。

3）Nous *autres*, nous avons déjà connu ce problème.

　　われわれは、その問題をすでに経験ずみだ。

4）Nous *autres professeurs*, nous n'acceptons pas une telle réforme.

　　われわれ教員は、そのような改革を受け入れない。

nous は、日本語の「われわれ、私たち」と同じように、聞き手を含む場合と含まない場合があります。5) のような発話の nous は、文脈からして聞き手を含んでいないことが明らかです。

5) Vous partez ? *Nous, nous* restons encore un peu.
　　あなたは帰るの? 私たちはどうかというと、もう少しいるよ。

しかし、1)~4) の nous は、その点がはっきりしていません。聞き手を含まない nous の発話として読み返してみてください。その場合、nous にはしばしば「あなた（たち）と違って、自分たちは」という対比のニュアンスがともないます。話し手にそのつもりがなくても、聞き手は自分が排除されていると感じるおそれがあります。

tu を使うか vous を使うか

聞き手をさすのに tu と vous のどちらを使うかは大問題です。使い分けのポイントは丁寧さではなく、親しさです。聞き手を社会的・心理的に自分に近い人、距離のない人として扱う（待遇する）ときに tu を使うのです。もちろん tu / vous の使い分けの感覚にもかなりの個人差があり、付き合いが長くなっても vous を使いつづける人がときどきいます。

前の課で、年齢差は学生同士や同僚同士ならあまり気にしないと述べましたが、「〜同士」ということは距離がないということです。若い世代では、はじめから「対等の人間同士」という姿勢で tu で話す人が増えてきています。とくに学生は、初対面のときから tu で話すのがふつうです。

それでも、大人はたがいに vous を使うことが多いのですが、親しくなってくると、いつのまにか自然に tu で話すようになったり、6) のようなやりとりを経て tu に切り替えたりします。

6) On se dit *tu* ? － D'accord.
　　tu で話します? ― いいですよ。
地位や職階などの上下関係が意識される場合、こういう提案ができるのは、もちろん上位者の方です。

tu と vous のどちらにせよ、二人とも同じ代名詞を使うのが原則です。例外は大人と子供で、大人はよその子供に対しても親しい口調で tu を使い、子供の方は大人を見上げる姿勢で vous を使います（幼児は tu しか使えません）。同じようなことは、ときに師と弟子、同業の大先輩と後輩のあいだにも見られます。たとえば、レストランのシェフがかつて自分のもとで修業したことのある料理人に tu で話し、料理人の方は一人前になっても折り目正しく vous を使うといった具合です。アルベール・カミュがノーベル文学賞を受賞したときの、小学校の恩師ジェルマン先生との素晴らしい手紙のやりとりもその一例です。カミュは "Cher Monsieur Germain" に vous を使い、先生は "Mon petit Camus" への返事の中で tu を使っています。小学校のときからの関係を大事にしているわけです。

　さて、あなたがフランスで学校に通っているとしましょう。たいていの先生は受講生と vous で話すので、あなたの方も vous を使えばいい。もしも、先生が受講生と親しく tu で話す方針だったら、簡単なのは、先生に合わせて tu を使うことです。もちろん、距離を保ちたければ、vous で通すこともできます。その場合は、たとえば 7) のような説明をするのがふつうです。

7) Je préfère vous vouvoyer. Je serais plus à l'aise.
　　vous で話す方がいいんです。その方が落ち着くので。

説明としては、"C'est une question d'habitude." 「習慣の問題なんです」というのも考えられます。ごくまれには、先生だけが tu を使って、受講生が vous を使うという変則的なことになることもあります。

tu のままではまずいことがある？

　いつもは tu で話している同僚同士でも、上司や外部の人が出席する会議などでは、臨時に vous を使うことがあります。これは、私的な関係を公的な場に持ち込まないようにする配慮です。二人だけが tu のままだと「二人の世界」ができて、他の人たちが締め出されるように感じるおそれ

があります。もっとも、最近は、こういう場合にふだんどおり tu を使い
つづけるのを容認するようになってきています。とくに、ラジオやテレビ
などでは、司会者とゲストの歌手・タレントが仲間意識からリラックスし
て tu のまま話すのがむしろふつうになっています。ただし、ゲストが司
会者よりはるかに年長で大物のときは、vous を使うこともあります。

tu / vous の使い分けと丁寧さは無関係

　vous を使うのは聞き手に対して距離をおくときです。その場合、話しか
たが丁寧になる傾向があるので、「丁寧な話しかたは vous」と誤解されが
ちです。実際には、vous を使う場合でも丁寧なことばづかいが不自然な
ことがいくらでもあります。たとえば、上司が部下に指示を与えるときに
は、8) のような命令文によるストレートな表現が適切な場面があります。

8) *Essayez* de prendre rendez-vous pour jeudi, première heure.
　　木曜日の朝一番にアポを取るようにしてくれないか。

　反対に、聞き手に親しく tu で話す場合でも、丁寧な言いかたをするこ
とがいくらでもあります。たとえば、友だちの家であっても、コップに水
を入れて持ってきてもらうのは相手にとって面倒なことに違いない。その
ように感じているという姿勢で話すなら、9)a の命令文ではなく、たとえ
ば 9)b, c のような言いかたをする方が適切でしょう（命令文については、
p.28 の 6 課で話題にします）。

9) a. *Donne*-moi un verre d'eau.

　 b. Tu *peux* me donner un verre d'eau ?

　 c. *Pourrais*-tu me donner un verre d'eau ?

　もちろん、"J'ai très soif." 「とても喉が渇いているので」とか "Je dois
prendre un médicament." 「薬を飲まなくてはならないので」といった理由
を言い添えると、やむをえず水を求めていることが伝わって、聞き手はそ
れだけ尊重されていると感じることになります。

3課　çaで人をさすのはどういうとき？

— 指示代名詞 ça, ce のはたらき

　　話し手は、対話現場の自分と聞き手をとりまく世界のなにかを捉えて聞き手に示すときに、指示代名詞 ça, ce を使うことがあります。ça, ce は、1・2人称の代名詞と同じく、既出の名詞グループの言い換えではありません。とくに日常のコミュニケーションでよく使いますが、これは、対話現場で捉えるなにかをさすときに使うことばだから当然です。おもな用法を見ておきましょう。

指さして "ça" と言う

　　1）の話し手は、庭の樹木が前夜の強風で倒れているのに驚いて、そのあたりを指さして ça を使っています。聞き手は近所の人です。

　1）Mais regardez-moi *ça* !　まあ、これを見てやってくださいよ！

moi を言い添えて、「こんな被害にあった自分のために」見てほしいと訴えています。もちろん、regardez の直接目的語は ça の方です。話し手が指さして聞き手に見るように促しているのは対話現場にある「倒れている木のあたり」という具体物です。話し手は、ça を言いながら、目や手の動きなどの助けを借りてどのあたりを見るかを聞き手に示しています。ça が「指示代名詞」と呼ばれるのが納得できますね。ça は、対話現場にある具体物を「これ」とさしているのですが、その中身が何であるかまでは表しません。

　　2）と 3）の ça, ce も対話現場の具体物をさしています。話し手は、2）では聞き手が手に持っているものを指さして、3）では聞き手が見せてくれている写真の人物の一人を指さして質問しています。

　2）*Ça*, c'est quoi ? — Le dernier modèle d'iPhone.

　　　それ、それは何？ — iPhone の最新型。

3）Et *ça*, c'est qui ? ― Matthieu, le fils de mon ami.

で、これ、これは誰？ ― マティウ、彼氏の息子よ。

ce の役割はほぼ être の主語にかぎられます。ça はそれ以外（être 以外のあらゆる動詞の主語や目的語その他）の役割をすべて担います。ふつうは ça の形だけれど、être の主語のときだけ ce の形になる代名詞だと考えてください。

ça でさすのは、ことばそのもの（音声）

ça には対話現場に登場することばについて、内容ではなく、外形（音声）を捉えてさす用法があります。

フランスでも囲碁ファンがかなりいて競技会も開かれていますが、だれかが囲碁について "C'est un jeu chronophage." と解説するとします。4）は、それを聞いた人が ça を使ってことばの意味をたずねる発話です。

4）"Chronophage", ça veut dire quoi ?

chronophage、その意味は何？

話し手は、ça によって chronophage ということばそのもの（音声）をさしています。内容（「時間を食う、多くの時間がかかる」という意味）は知らないので、さすことはできません。

5）の話し手は、仕事関係の人から "Alors, vous partez à la fin du mois ?"「それで、月末に辞めるんですか？」と聞かれて、答えています。

5）Qui est-ce qui vous a dit *ça* ?

それ（＝そんなことば）を誰から聞いたんですか？

ça は、"vous partez..." ということばの外形（音声）をさしています。話し手が問題にしているのは、対話現場で発されたことばそのものであって、内容は棚上げです。そこで、聞き手は、「そんなことば」には実体がないのだな、単なる噂にすぎないのだなと受け取ります。

この場面で、中性代名詞 le を使って次の 5'）のように言うと、聞き手はどう受け取るでしょうか。

5') **Qui est-ce qui vous *l'*a dit ?**

そのこと（＝その事実）、誰から聞いたの？

le は、コト（事態）の内容を（自分はもちろん）聞き手も知っているという姿勢で、その内容をさすときに使う代名詞です。話し手は、対話に出てきた「月末に辞めること」というコトの内容をさすのに le を使っています。そこで、聞き手は、噂話にはやはり実体がある、事実なのだと受け取ることになります。

6）も、ことばの外形（音声）をさすために ça を使う発話です。話し手は、相手の誤解を解くために発言しています。

6) **Si tu veux y aller tout seul... ― Mais je n'ai jamais dit *ça*.**

独りで行きたいのなら… ― そんなこと言ってないよ。

話し手は、"je veux y aller tout seul" ということばそのものを口にしたことがないという主張を、ことばの外形（音声）をさす ça を使うことによってしています。内容についてあれこれ言う以前に、ことばを発すること自体がなかったと聞き手に伝わるようにしています。

ça は抽象的なこともさせる？

7）はだれでも知っている用法です。顔を合わせたとたんのやりとりだから、話し手が ça でさすのは対話現場の具体物でも相手のことばでもありません。

7) **A : Bonjour. *Ça* va ?**

　　B : Oui, *ça* va, merci. Et toi ?

それでは、何をさすのでしょうか。出会いの場面なので、フランス社会の常識からして、話題にするのは、たいていは聞き手の体調や気分です。聞き手の家族や仕事や人間関係などのこともあります。何をさすかについては、二人のあいだの関係や共有している知識・経験などさまざまな要因がかかわりますが、いずれにせよ、7）の用法の ça がさすのは対話現場で捉える抽象的ななにかです。

人について話すときに ça を使うと

　話し手は、自分たちをとりまく世界の人について一般論を言ったり、特定の人を話題にしたりするときに ça を使うことがあります。

　まず、一般論の例です。あるカテゴリーの人を名詞グループで提示しておいて、ça を主語とする文でコメントする表現法です。

8) Les petits enfants, *ça* casse tout.

　　幼児、それはなんでも壊す。

9) Un bébé, *ça* pleure tout le temps.

　　赤ん坊、それはひっきりなしに泣く。

les petits enfants は「幼児たちの集合」で、un bébé は「任意の一人の赤ん坊」です。話し手は、それらを対話現場で捉えて指さすかのようにして ça でさしています。そのために、対話現場をともにしている聞き手にとって、8), 9) は "*Les petits enfants* cassent tout." や "*Les bébés* pleurent tout le temps." よりも身近で具体的な話という感じがします。

　次は、特定の人を ça でさす例です。日本語で、対話現場で捉えるなにかをさす「これ、あれ」を使って、「これがもう歩くようになってねえ」や「あれはどうしようもない」といった言いかたをすることがあるのと似ています。10) は幼い娘が可愛くてたまらない父親のことばです。

10) Vous entendez ? *Ça* sait dire des choses.

　　聞きました？ あれはいろいろなことが言えるんですよ。

「（幼くて）一人前の人間ではない」ことを ça で示唆しておいて、それだけに大したものだという評価を伝えるしくみです。

　次は、居眠りをしている部下を見咎めた上司のことばです。

11) *Ça* fait la sieste au bureau maintenant ?

　　これは、こんどはオフィスで昼寝か？

vous を使わないのは、対話相手と見なすに値しないという姿勢だからです。聞き手は、人間についてふつう使わない ça を耳にして、自分がまったく尊重されていないことを痛感させられることになります。

4課　onで聞き手をさすときは？
— 不定代名詞 on のはたらき

　　話し手は、自分と聞き手をとりまく世界のさまざまな人を不定代名詞onでさすことができます。これも、ça, ce と同じく、既出の名詞グループの言い換えではありません。on は、自分たちを中心とする広い範囲の人をさすことのできるおもしろいことばです。

名詞グループで表す人とは違う？

　　on は、ラテン語の homo「人」を語源とするだけあって、あらゆる人をさすことができます。「不定代名詞」という名前にふさわしく、on 自体はどの人のことか表示しません。聞き手が対話現場の状況や文脈から見当をつけてくれることを期待して、話し手は使うわけです。

　　それでは、1), 2) の on がさすのは、どの人でしょうか。

　1) ***On*** **ne peut vivre qu'une fois.**

　2) **Dans cette région,** ***on*** **fait la sieste après le déjeuner.**

　　1) では、「人は一度しか生きられない」と解釈できることから、on は「（だれであれ）人」をさすと言えます。2) では、文頭の状況補語と on 以下を考え合わせて「この地方では、人々は昼食後に昼寝をする（習慣がある）」と解釈できることから、on は「（この地方の）人々」をさすことになります。たいていの場合、on がだれをさすかはこのように文脈を手掛かりにして聞き手は見当をつけるわけです。

　　では、1), 2) は、次のように「人間（というもの）」「人々」をそれぞれ l'homme, les gens で表す発話とどう違うのでしょうか。

　1') ***L'homme*** **ne peut vivre qu'une fois.**

　2') **Dans cette région,** ***les gens*** **font la sieste après le déjeuner.**

　　突飛な想定ですが、2匹の猫が人間の世界について話しているとしま

しょう。その場合、l'homme と les gens の働きは話し手が人間であって
も猫であっても同じなので、1'), 2')は猫が言っても問題ありません。と
ころが、on を使う 1), 2)は不自然です。人間世界を外から眺める立場の
猫が on を使うのはおかしいのです。このことからも、on が「自分たちを
とりまく世界の人、自分たち人間（の全体または部分）」という捉えかた
に対応する代名詞であることが確認できます。

on はぼんやり人々をさすのが得意

　on は、それ自体ではだれのことか表示せず、ぼんやり人の集合をさす
のに適しています。そのために、どの人のことかを名詞グループや代名
詞ではっきり表した直後に、その人をさすのには向いていません。3)～5)
のような文脈では、on は不自然です。（×は容認されないことを示します）

3）Ma sœur ? ×*On* travaille comme interprète.

　　姉？ 通訳として働いています。

4）×Vous deux, *on se* connaît ?

　　あなたたち二人、おたがいに知り合い？

5）×Moi, *on* s'appelle Léa.

　　私は、名前はレアです。

　on は、「自分たちをとりまく世界」の人の集合をさすのに適しているこ
とから、話し手を含む「われわれ」という集合をさすのは問題ありませ
ん。その例が 6), 7) です。

6）*On* n'est pas d'accord avec le gouvernement.

　　政府に賛成ではありません。

7）Si *on* allait au musée d'Orsay demain ?

　　よければあしたオルセー美術館に行かない？

　2 課のはじめ（p.12）で、「他の人たちと違って」というニュアンスで
「われわれは」と言いたいときに強勢形の nous をよく使うと述べました。
日常生活では、そういう発話の主語として on をよく用います。

8）Nous, *on* n'est pas d'accord avec le gouvernement.

われわれは政府に賛成じゃありません。

9）Vous partez ? Nous, *on* reste encore un peu.

あなたは帰るの？ 私たちはどうかというと、もう少しいるよ。

　この表現法がよく見られる背景には、（「われわれ」についての話であることは強勢形 nous で表示しているのだから）主語はどの人かについての情報を与えない on で十分だ、動詞活用も 3 人称単数形で楽だ、という事情があります。じつは、〈話し手＋だれか〉をさすけれど「だれか」がどの人であるかは表示しないという意味では、nous もややぼんやりした集合をさす代名詞です。on と nous は近いのです。

onが力不足のときは nous を使う

　文書で「われわれ、私たち」を話題にするときは、聞き手と向かい合っている対話と違って、on ではだれのことかはっきりしないおそれがあります。1 人称複数であることを明示しなければなりません。また、あらたまった場面などでも、対話現場の状況と文脈に頼るのではなく、きちんと1 人称複数であることを明示したい気持ちになります。そういう場合は、on では力不足です。nous を使わざるをえません。たとえば 7), 8) は、次のようになります。

7'）Si *nous* allions au musée d'Orsay demain ?

8'）*Nous* ne sommes pas d'accord avec le gouvernement.

　動詞活用も on なら 3 人称単数形で楽なのに、より面倒な nous をわざわざ使うのは、それだけ行為主体について正確な情報が表示できるメリットがあるからです。参考書などでは「nous の代わりに on を使うことがある」という説明をよく見ます。しかし、日常のコミュニケーションにおいて多いのが 6)〜9) のような on の発話であることを考えると、むしろ、「〈話し手＋だれか〉は on で表す。ただし、on で不十分なときは nous で表す」のように説明すべきでしょう。

on で特定の人の話もできる？

　on には、だれのことか表示しないという特性を活かす用法があります。たとえば、だれであるかを問題にしない場面で主語として使います。その一例が 10) です。

10）*On* sonne à la porte.　玄関のチャイムが鳴ったよ。

話し手は、だれであるかはともかく、チャイムが鳴ったということを教えたいという姿勢で伝えています。

　また、自分にはだれであるか分かっているけれど、なんらかの理由で表さないでおくというようなときも便利です。

11）Madame Durand, *on* vous appelle au téléphone.

　　　デュランさん、お電話です。

この言いかたなら、たとえば微妙な関係の電話を取り次ぐときなどに、だれからであるか他の人に聞かれなくてすみます。

　これと反対に、対話現場の状況と文脈から、明らかに聞き手をさしていると解釈できる用法もあります。12)は軍隊で上官が部下を咎めています。

12）*On* ne salue plus ?　敬礼するのはやめたのか？

on を使うことで、聞き手には、ちゃんとした対話相手として扱ってやらないという軽蔑的な姿勢が伝わります。対話の相手として尊重する気持ちがある場合は、2 人称であることが表示できない on ではなく、vous を使うのはいうまでもありません。

　13) は、医師が診察を受けにきた人にたずねています。

13）Comment va-t-*on* aujourd'hui ?　今日は調子はどうですか？

医師は、聞き手を温かくいたわる姿勢です。on が「人」という情報を伝えるだけであり、ぼんやり人々の集団を表すのに適していることから、聞き手には、医師が自分を仲間として親身に世話しようとしてくれているという連帯感が伝わります。もちろん、医師は、聞き手を自分から切り離して冷静に接することもあります。その場合は、2 人称が表示できない on ではなく、vous の力を借りることになります。

5課　tu, vous を使って一般論？
— 代名詞の意外な用法

　2課～4課（p.12~p.23）ではおもな代名詞を見ました。まず、対話の当事者である話し手と聞き手をさす je と tu, vous。そして、自分たちをとりまく世界の事物や人をさす ça, ce や on。一方、名詞グループは、同じものを何回も繰り返すのは不経済だから、名詞の性・数を反映する il(s), elle(s) で受けます。対話の進展につれて、聞き手の頭の中には「ことばで紡ぎ出す世界」が出来ていきます。以上が基本ですが、じつは、それに当てはまらないように見える用法があります。

il(s) や elle(s) でいきなり「あの人（たち）」をさす

　既出の名詞グループの代わりをするはずの il(s), elle(s) を、対応する名詞グループがなにも出てきていない場面なのに使うことがあります。1)は、合コンで女性が交わしていることばです。

　1) *Il* est pas mal ! Qui est-ce ?
　　　　あの人良いなあ！　だれなの？

ある人を（男性名詞で表さないで）はじめから il でさしています。この用法は、人について話す場合にかぎられます。私たち人間は人間のことに詳しいので、男性名詞で表す段階をスキップすることができるのです。

　次も似た例で、人を紹介する場面です。その場にいる人を手や視線で聞き手に示しながらいきなり強勢形 elle, lui でさしています。

　2) *Elle*, c'est Véronique. Et *lui*, c'est Louis-Alban.
　　　　彼女は、ヴェロニク。で、彼は、ルイ＝アルバン。

話題は強勢形で表していますが、主語の方は、外から捉えてさすときの代名詞 ce です。「彼女」「彼」の中身が聞き手にとって未知である場面なので、主語に elle, il を使うのは適切でないと感じるからです。

24

3 人称の代名詞で遠ざける

 ils は、既出の名詞グループの代わりをすることばのはずです。ところが、対応する名詞グループが出てきていないのに、「あの人たち」を話題にするために使うことがあります。

 3）**J'aime beaucoup cette promotion. *Ils* sont tous très sympathiques.**

 この学年はうんと気に入っている。全員とても感じが良い。

最初の発話の cette promotion「この学年」を構成する学生たちのことだと聞き手が解釈してくれると判断して、ils を使っています。

 これと似ているのが4）、5）です。4）の話し手は、買いたいものがあって遠くからやってきたのに目当ての店が閉まっているので怒っています。

 4）**Oh non, c'est pas vrai ! *Ils* sont fermés !**

 ええ、冗談だろ！ 休業だなんて！

 5）**La vie est chère. Et *ils* vont encore augmenter les impôts.**

 生活費が高い。なのに、やつらはまた税金を上げようとしている。

どちらも3）の cette promotion に相当することばもなく、いきなり ils と言っています。それでも、対話現場の状況や文脈から、4）では店の人たちを、5）では政治家や官僚などをさしていると聞き手は解釈することができます。この用法の場合、ils でさすのは、自分たちから距離のある人間たち、多くの場合、マイナス評価の人間たちです。ils は、〈話し手＋聞き手〉をさす nous にとっての「共通の敵」という感じが出るので、しばしば連帯感が生まれるという副産物が期待できます。

 2）では紹介の発話を見ました。ヴェロニクについて、ひとこと付け加えるとします。6）a と 6）b のどちらを言うのでしょうか。

 6）**a. C'est Véronique. *Elle* parle bien le japonais.**

 こちら、ヴェロニク。彼女は日本語が上手です。

 b. C'est Véronique. *Véronique* parle bien le japonais.

 こちら、ヴェロニク。ヴェロニクは日本語が上手です。

 6）b のように名前を言う方がヴェロニクにとって温かい扱いです。名前が

その人を親密にさすのと違って、3人称代名詞は、どんな事物や人にも使える汎用の記号です。なによりも、対話の当事者でないことがはっきりするので、本人はのけ者にされているような感じがします。日本語でも、本人がいるところで「彼女は…」と言うと、よそよそしい扱いの感じがすることがありますね。フランスの多くの家庭では、子供が幼いうちから、本人がいるところで3人称代名詞でささないようにしつけています。

tu / vous と madame, mademoiselle, monsieur

　敬称を使って呼びかけるのは、相手を距離のある人として扱うことにほかならない。だから、vous で話す相手にかぎられます。

　7) **Pardon, madame. Vous habitez ici ?**
　　　　失礼ですが、ここにお住まいですか。

呼びかけるときは、敬称を姓に付けて "Monsieur Badinter !"「バダンテールさん」のように言うのがふつうです。

　ある程度親しい間柄では、大人もたがいに名前 prénom で呼び合います。姓と違って名前には「私的・親密」という感じがともないます。8) は、弁護士のエリザベットに親しい同業者であるロベールから電話がかかってきた場面です。

　8) **Elisabeth : Allô.**

　　Robert　　: Bonjour, *Elisabeth*. C'est Robert. Comment vas-tu ?

　　Elisabeth : Bonjour, *Robert*. Ça va bien, merci. Et toi ?

このように名前で呼び合うのは、つながりを確認することでもあります。

　リラックスしたパーティなどで友だちを紹介したり自己紹介したりするときは、名前だけで姓は言わないでおくのがふつうです。ラジオやテレビの視聴者参加番組では、司会者と視聴者は vous を使いながらも、たがいに名前で呼び合います。視聴者が特定されないための配慮でもありますが、階級意識が薄れ、たいていの相手とはリラックスした姿勢で対話する傾向が強まってきているというフランス社会の現状が背景にあります。

nous で聞き手が取りこめる？

4課のおわり（p.23）で医師が患者の体調をたずねるときに共感を示そうとして on を使う発話を見ました。同じ場面で nous を使えば、on 以上に連帯感が聞き手に伝わります。

9) **Comment allons-*nous* aujourd'hui ?** 今日は調子はどうですか？

また、聞き手の考えに全面的に同意していることを、10)a ではなく、10)b のように言うことがあります。

10) a. *Je* suis entièrement d'accord avec vous.

 b. *Nous* sommes entièrement d'accord.

10)a では聞き手に向かい合っている話し手がいるわけですが、nous を使う 10)b では二人が肩を組んでいるような感じが伝わります。

tu, vous なのに一般論？

tu（te, toi）や vous は聞き手をさすのだから、一般論とは相性が良くないはずなのに、それを使って一般論を展開することがあります。もちろん、一般論と受け取れるのは、文脈が手掛かりになるからです。12)は、帰宅しようとしない人を批判し、一般論によって理由づけをしています。

11) **Boire de l'eau en mangeant du fromage, ça *te* donne une indigestion.**
 チーズを食べるときに水を飲むと消化不良を起こすんだよ。

12) **Elle devrait rentrer. Quand tu as mal à la tête, *tu* te reposes !**
 彼女は帰宅するべきなのに。頭痛がするときは休むものだ。

13) **Là-bas, il fait froid et *vous* ne pouvez pas vous promener.**
 あちらでは、寒くて散歩できない。

11), 12)のように te, tu を使うのは、聞き手と tu で話している場合であるのが原則です。on を使わないで 11)～13)のように一般論を言うと、独特の効果があります。2 人称代名詞は聞き手個人をさすので、それだけ具体性のある話として響きます。また、聞き手が自分のことであるかのように興味をもって聞いてくれることも期待できます。

6課 「それください」は"Donnez-moi ça !"か?

— 命令文のはたらき

パリの朝市は、界隈に住んでいる人たちだけでなく、外国からの観光客にも人気があります。多くは食料品店で、かならず見られるのは、色とりどりの季節の野菜・果物をならべた八百屋です。あるとき、日本からの観光客らしい女性がみずみずしいラディッシュのひと束を指さしてきっぱりと 1) を言っているのを見かけました。

1） *Donnez*-moi ça !

この人のように、相手によく聞こえる大きな声を出すのはとても大事なことです。声が届かないために対話が成り立たない人（聞き返されるのは自分のフランス語のせいだと誤解している人）は少なくありません。店の人や窓口の職員が客に期待している声の大きさが、日本とかなり違うのです。彼女の声はよく通りましたが、1）を聞いた店員は、一瞬かすかなとまどいの表情を浮かべました。すぐに元の笑顔にもどって愛想よく接客したのですが。目の前にある物の名前（たとえば une botte de radis「ラディッシュひと束」）が出てこないときに ça を使って切り抜けるのは上手なやりかたです。店員の表情は、だから、ça を使ったためではなく donnez-moi のせいに違いありません。

行動を指示する

次の 2)～4) も 1) と同じ命令文の発話です。2)～4) の話し手の姿勢には共通点があります。

2）［教室で学生に］**Pour la semaine prochaine, *lisez* le chapitre 5 chez vous.**

　　来週までに、5 章を家で読んできてください。

3）［会議に遅れてきた部下に］*Asseyez*-vous là.

　　そこに座りなさい。

4）［親が娘たちに］ *Dites* **bonjour à votre professeur de piano.**

　　ピアノの先生にごあいさつなさい。

　共通点は、聞き手が動詞の表す行為をするものと決めこんでいることです。「〜してくれませんか」と依頼しているのではなく、「〜するように」と指示しているのです。こういう姿勢が背景にあるので、命令文は上位者に対しては使いにくいものです。ただし、行為が明らかに聞き手にとってプラスになる場合は別です。たとえば、家にやってきた上司に「そこにおかけください」を 3）のように言っても失礼にはあたりません。

　朝市で女性がきっぱりと言った "Donnez-moi ça !" は、東京の八百屋における「それをください」とは少し感じが違います。「それをよこしなさい」という指示の響きがあります。店員の反応はそのせいだったのです。1）のような場合に依頼であることを明示する簡単な方法がありますね。それは、s'il vous plaît を言い添えることです。「もしよければ」と、聞き手の意向に配慮していることが伝わります。

　次の 5）も、1）と同じように、聞き手に求めている行為が話し手自身にとってプラスになる、依頼の発話です。聞き手に対する配慮を s'il te plaît によって示すのは、まったく自然なことです。

5）［食卓で同僚に］ *Passe*-**moi le poivre, s'il te plaît.**

　　コショウを取ってほしいんだけど。

「〜しよう」は提案ではない？

　命令形には nous に対応するものもあります。この形を使って 2）〜 4）を言い換えてみましょう。

2') **Pour la semaine prochaine,** *lisons* **le chapitre 5 chez nous.**

　　来週までに、5 章を家で読もう。

3') *Asseyons*-**nous là.**　　そこに座ろう。

4') *Disons* **bonjour à notre professeur de piano.**

　　ピアノの先生にあいさつしよう。

話し手は、聞き手が自分といっしょに行動するものと決めこんでいます。「もしよければ」と聞き手の意向に配慮する提案ではありません。

　じつは、nous に対応する命令形には、聞き手だけの行為と解釈できる用法もあります。6) ではぐずぐずしている娘をせかす母親が、7) では張り切りすぎの聞き手を落ち着かせようとする同僚が話しています。

6）Tes amis arrivent. *Dépêchons*-nous !

　　友だちが来るよ。急ごうよ！

7）Doucement, doucement. Ne nous *emballons* pas !

　　まあまあ落ち着いて。興奮しないでおこう！

聞き手だけの行為なのに nous を使っているので、話し手が深く関与していることであるかのような言いかたになっています。それで、たとえば、6)ではいらだち、7)ではひやかし・皮肉といった感じが伝わります。

　さて、あなたがフランス語学校に通っていて、若い先生がなぜかあなたをレストランに連れていってくれることになったとしましょう。あるレストランの前まで来て、先生が 8) のように言うとします。

8）C'est un restaurant sympathique. *Entrons* voir.

　　感じのいい店だよ。入ってみよう。

先生は、あなたが「入ってみる」に決まっているという姿勢です。自分たち二人に対して指示を与えているわけです。こういう響きをともなうので、nous に対応する命令文も上位者に対しては使いにくいものです。

聞き手の意向を尊重しつつ提案

　別の日に、その若い先生が大学時代の指導教授とまた同じレストランの前まで来ているとしましょう．こんどは、聞き手の意向に配慮する姿勢で9) のような言いかたをすることが考えられます。

9）C'est un restaurant assez sympathique, il me semble. Qu'est-ce que vous en dites ?

　　わりあい感じのいい店だと思います。いかがでしょうか。

8）と違って、レストランについては、il me semble「〜であるように見える」を付け加えて、自分の評価を断定的に言わないようにしています。そして、提案の方は「どう思われますか」という聞き手に判断を委ねる姿勢で行っています。先生に対して自分の評価・意志を押しつけるような言いかたは不適切というわけです。

　もちろん、フランス人は親しい相手には 8）を、目上には 9）を使うというように乱暴に割り切ることはできません。ことばづかいは個人差がとても大きいものです。また、イントネーションや表情が大きな役割を演じるのはいうまでもありません。日本語の場合と同じです。

聞き手に配慮する語順は？

　日本語では「僕とあなたも長いつき合いだね」というように「僕」を「あなた」より先に出しても問題ありません。フランス語ではかならず聞き手を先に言います。これは、部屋の出入りなどの際に相手に先を譲るのと似た感覚です。

10）*Toi et moi*, on se connaît depuis longtemps.

　第三者も話題にする場合の順序はどうなるでしょうか。まず、第三者を言ってから、コミュニケーションの当事者である聞き手・話し手を〈toi et moi〉の順に言うのがふつうです。

11）*Jean, toi et moi*, on se connaît depuis longtemps.

　聞き手を話題にする 2 人称代名詞を主語にすると、聞き手に関心を抱いているしるしになるだけでなく、5 課のおわり（p.27）でも見たように、聞き手の興味をかきたてて、それだけ身を入れて話を聞いてもらえることが期待できます。友だちが映画の DVD を借りに来たとしましょう。「ロメールの『冬物語』もあるよ」と言うのに、12）a よりも、tu を主語にする 12）b の方が聞き手を大事に扱っているという印象を与えます。

12）a. *J'*ai aussi "Conte d'hiver" de Rohmer.

　　b. *Tu* as aussi "Conte d'hiver" de Rohmer.

7課　伝わるのは行為・コトのイメージだけ？
— 原形から接続法へ

　フランスで役所や会社などの建物に入ると、部屋のドアに 1)a または 1)b のプレートが付いているのが目にとまることがあります。日本なら「ノックせずにお入りください」と書くところでしょうか。

　1) a.“*Entrez* sans frapper ”

　　 b.“*Entrer* sans frapper ”

　命令文を使うのは、6 課（p.29）で見たように、自分の言うとおりに相手が行動するはずと想定している場合です。だから、1)a のプレートを読むと、だれかに「ノックせずに入るように」と指示されている感じがします。1)b の方は感じが少し違います。動詞の原形（不定法、不定詞）である entrer は「入る」という行為を表すだけで、行動要請の意味は含んでいません。もちろん、ドア・プレートに書いてあるのだから、「ノックせずに入る」行為が期待されていると受け取れます。期待されているけれど、その行為をするかどうかは自分の意志に委ねられているという感じです。1)b の方が相手を尊重する表現法であることになります。

原形は行為のイメージを表す（だけ）

　だいぶ前から国際線の旅客機は全面禁煙になっています。それでもこっそり隠れてなんとか…と頑張る乗客用に、エールフランス機のトイレには 2) のような原形を使った注意書きがあります。

　2)“Ne pas *fumer* dans les toilettes ”

　相手に働きかける命令文ではないので、該当しない乗客は気にとめなくてすみます。このような原形は掲示にかぎられます。聞き手と向かい合う対話で用いることはありません。それでは掲示はすべて原形かというと、そうではありません。たとえば、パリのバスには、「車外に腕を出さない

ように」という趣旨の注意書きがありますが、命令文を使っています。

3）" Ne *laissez* pas votre bras dépasser à l'extérieur"

"votre bras"「あなたの腕」と書いてあることからも明らかなように、掲示する側は乗客に向かってはっきり行動要請をしています。もしもこの場合に原形を使うとすれば、3')のようになるはずです。

3'）" Ne pas *laisser* son bras dépasser à l'extérieur"

これだと、「車外に自分の腕を出さないでおく」行為のイメージを提示しているだけです。読み手は、警告を受けている感じがしません。もちろん、バスの掲示であることから、腕を出さないよう求められているのだと見当はつきますが、危険防止のための警告文としては迫力不足です。また、ホテルでは、客室のドアに火災の場合の避難に関する注意書きがたいてい貼ってありますが、やはり命令文がふつうです。

　1)b, 2), 3')が穏やかな印象を与えるのは、原形が行為のイメージを表すだけで、それ以上の働きをしないからです。

アスペクト：行為の展開段階と単純形・複合形

　聞き手に指示を与える場合に、「～することが必要だ」を表す〈il faut ＋原形〉の組合せを使って 4) や 5) のように言うことがあります。

4）Il faut *revenir* un peu avant la réunion.

　　　会議の少し前に戻ってくることが必要だ。

5）A midi, il faut *être revenu*.

　　　正午には戻ってきていることが必要だ。

　原形の単純形 revenir と複合形 être revenu では、同じ行為でもアスペクト（展開の様相）がまったく違います。聞き手に伝わるイメージがまったく違います。4) の単純形が「戻ってくること」を表すのに対して、5) の複合形は「戻ってきていること」（行為が完了段階に達している）を表します。絵に描けば、まったく違う光景です。要するに、行為は単純形で表す、ただし完了段階に達している行為は複合形で表すということです。

原形は行為主体を表示しない

　原形は、名詞グループと同じように、文の主語として使うこともありますが、多いのは 6), 7) のように動詞の目的語として使う場合です。

6) Je vous demande de *revenir*［*d'être revenu*］à midi.

　　正午に戻ってくる［戻ってきている］ことを求めます。

7) Je vous promets de *revenir*［*d'être revenu*］à midi.

　　正午に戻ってくる［戻ってきている］ことを約束します。

複合形 être revenu は、完了のアスペクトを表します。たとえば、ちゃんと戻ってきて所定の場所に座っている、というようなイメージです。

　ここで、原形が表す行為をするのはだれであるかについて考えてみましょう。原形だけをいくら見ても行為主体は分かりません。原形は、行為主体を表示しません。「戻ってくる［戻ってきている］」行為の主体が、6)では聞き手で 7) では自分であることが分かるのは、文脈のおかげです。demander が表す「求める、頼む」行為の相手が vous であることから、また、promettre が表す「約束する」行為の主体が je であることから、推測して分かるのです。

行為主体を表示するには？

　それでは、行為主体を表示するにはどのようにすればいいのでしょうか。代表的な方法は、接続法を使うことです。接続法は〈que 主語＋接続法〉という組合せで使うのが原則なので、主語と活用語尾によって行為主体を表示することができます。前のページで〈il faut ＋原形〉の組合せ4), 5) を見ましたが、原形自体は行為主体についてまったく情報を与えないし、主語は「非人称の il」なので文脈も手掛かりになりません。もしも「戻ってくる［戻ってきている］」行為の主体がたとえばロベールであることを表示しようとするなら、4'), 5') のように接続法を使えば解決です。

4') Il faut que Robert *revienne* un peu avant la réunion.

　　会議の少し前にロベールが戻ってくることが必要だ。

5'）A midi, il faut que Robert *soit revenu*.

正午にはロベールが戻ってきていることが必要だ。

　原形と同じく、接続法にも単純形と複合形があります。文法書はそれぞれを「接続法現在」「接続法過去」と呼んでいますが、現在・過去という時期を表示する働きはありません。単純形の発話と複合形の発話の違いはアスペクトの違いであり、表すコト（事態）のイメージの違いです。〈que 主語＋接続法〉が表すのは、4'）ではロベールが戻ってくる場面で、5'）ではロベールが戻ってきている（「戻る」行為が完了段階に達している）場面です。要するに、コトは接続法単純形で表す、ただし行為が完了段階に達している場合は複合形で表すということです。

〈que 主語＋接続法〉は絵画に似ている

　接続法の発話は、絵画のようなものです。たとえば、ロベールがある場所に戻ってきている場面を描いた絵が壁に掛かっているとします。この絵を見るだけでは、描かれている場面が現実にあったことかどうかの判断はできません。接続法の発話も同じです。8）の〈que 主語＋接続法〉の部分は、上の 5'）とまったく同じ場面を表しています。

8）Je suis content que Robert *soit revenu*.

ロベールが戻ってきているのが嬉しい。

同じ「ロベールが戻ってきている」場面は、5'）ではまだ現実になっていないのに、8）では現実のことです。このような例はいくらでもあります。

　絵に描かれた場面が現実のことかどうかは、絵が描かれた状況などから見当をつけるほかありません。同じことが〈que 主語＋接続法〉で表すコトについても言えます。それ自体では非現実か現実かを表示しないので、対話現場の状況や文脈から見当をつけるほかありません。

　要するに、行為のイメージを表すなら原形（単純形・複合形）を、行為主体を含むコトのイメージを表すなら接続法（単純形・複合形）を用いるということになります。

よくある悩み、よくある質問

　「勉強しているのに、上達しているかどうかよく分からない。こんなことでいいのだろうか」と悩んでいる人が結構いるようです。きまって学習歴が長い人です。たいていは、「これまでに蓄積した力の総量」と「増えていく量」の比率の問題だと思います。かりに一週間に十の力がつくとしましょう。初学者のころは週単位か月単位で蓄積が増えるのが感じられます。ところが、何年かたつと蓄積の総量が何千にもなっているので、十や百ぐらい増えたところで分からなくなります。これは、日本語でも同じで、大人でも力は着実に伸びているはずなのに、何も感じられません。フランス語学習歴が長い人は、年単位でなければ伸びていることは分からないでしょう。上達している実感がないのは、上達しているしるしです。

　ときどき「フランス語をマスターするのに、どれぐらいかかりますか」と聞かれることがあります。答えは、「数週間から数十年のあいだ」です。いうまでもなく、どれぐらいかかるかは「マスターする」の内容しだいです。短期間のフランス旅行であまり不自由しない程度ということなら、数週間で十分でしょう。特定分野の文献を辞書を引きながら理解する程度というのであれば、一年か二年でなんとかなるでしょう。しかし、フランスで企業・官庁などの会議や文書作成がこなせるレベルをめざすなら、十年ぐらいはかかるでしょう。そして、社会生活のあらゆる場面でほぼ不自由なくフランス語が使えるようになるには、おそらく数十年かかるでしょう。日本語の場合と同じですね。

　大事なのは、自分が何をめざすかです。到達目標がはっきりしていれば、学習法もはっきりするというものです。もちろん、なにもめざさないというのも結構なことです。「なんとなく」とか「おもしろいから」とかいったことだけで勉強するのが本当かもしれません。

2章
タイムマシーン「直説法」を使いこなす

人間はつねに「いま」を生きているのですが、ことばには素晴らしい魔力があります。たとえば、半過去によって聞き手とともに過去の世界に飛んでいくことができます。未来形によって想像の世界に遊ぶこともできます。条件法現在を使えばさらに遠い世界にワープすることができます。直説法というタイムマシーンのおかげで現在と過去・未来のあいだを自由に行き来できるのです。

直説法はタイムトラベルに役立つだけではありません。「現在スペース」から離れた時期への移動を利用して、断定から不確定・非現実まで、いろいろなモダリティ（コトのありかた）が表せます。

この章では、直説法というタイムマシーンのしくみがどのようになっているかを見ていきます。

1課　ある人について "Elle boit." と聞いた…

— 現在スペース：現在形と複合過去

　動詞 boire は、日本語の「飲む」と同じように、目的語なしだとたいていは酒を飲む行為を表します。ある女性についての噂話の最中に現在形で "Elle boit." と言えば、ふつう、その女性を飲酒によって特徴づける発話で、「彼女は酒飲みだ、酒びたりだ」と伝えることになります。

　ここで、「彼女がワインを飲む」というコト（事態）を考えてみましょう。「（今）飲んでいる」「（繰り返し）飲む」「（今から）飲む」などいろいろな展開のしかたがありますが、どれも 1) で表せます。

1）Elle *boit* du vin.

現在スペース：現在形・複合過去

　話し手が聞き手に向かってことばを発する瞬間は、「発話時点」と呼ばれています。話し手も聞き手も、発話時点を「いま」と意識し、発話時点を中心とする時期を「現在」と捉えます。現在は、時間の流れの中の広がりだから、「現在スペース」と呼ぶことにしましょう。現在スペースは、図1の斜線部分のように示すことができます（t_0 は原点である発話時点）。

【図1】

$$ \text{————— /////// } t_0 \text{ /////// —————} $$

現在形（複合過去）

　話し手は、現在スペースを「自分がいるこの時期」と意識しています。そして、そういう現在スペースの（現在完了以外の）あらゆるコトを表すときに、現在形を用います。現在完了は複合過去で表します（これについては、次の2課で扱います）。

現在スペースは、一瞬から永遠まで

現在スペースのコトといっても、展開のしかたは多様です。まず、発話時点で起こる（生起する）コト。2）の話し手は容疑者を見張っている刑事で、次々に生起するコトを携帯電話で同僚に実況中継風に伝えています。

2) **Elle se *lève*, *prend* son sac, se *dirige* vers la porte.**

　　　　彼女は立ち上がる、ハンドバッグを手に取って、ドアに向かう。

実際には、2）のような場面は日常生活では珍しいでしょう。よくあるのは、持続中のコトを表す場面です。

3) **Qu'est-ce qu'elle *fait* en ce moment ? — Elle *déjeune* avec ses clients.**

　　　　彼女はいま何をしていますか？ — 顧客と昼食中です。

持続中のコトの中には、次のような長期間にわたるものもあります。

4) **Isabelle *joue* au tennis le samedi matin.**

　　　　イザベルは毎土曜日の朝テニスをする。

5) **Ma mère *travaille* dans une maison d'édition.**

　　　　母は出版社で働いています。

6) **La Terre *tourne* autour du Soleil.**

　　　　地球は太陽のまわりを回っている。

4)～6)は、人や天体が行為を繰り返すというコトですが、ある特性をそなえているというコトとも見なせて、その場合は7), 8)と同類です。

7) **Ma grand-mère *est* très dynamique.**　　祖母はとても活発です。

8) **Les petits enfants, ça *casse* tout.**　　幼児、それはなんでも壊すものだ。

3)～8)のコトは、「継続的」「反復・習慣的」「超時的」のように分類されることがありますが、話し手には、どれも「いま持続中」という実感があります。この感じがあるときに、現在形を使うのです。

1)～8)のコトの時間幅は短時間からほぼ永遠まで、じつにさまざまです。「自分がいるこの時期」である現在スペースの幅は、場合によって伸縮自在に変わるわけです。そういう現在スペースにおいて生起・持続に立ち会っている感じのするコトは、すべて現在形で表せるのです。

発話時点の前または後のコトも現在形で

　コトの中には、客観的には発話時点において生起も持続もしないけれど、話し手が現在スペースのコトと見なすものがあります。まず、発話時点より前のコトです。9）は、友だちからかかってきた電話に応答している人のことばです。

9）Oui, je suis chez moi. Je *rentre* de mon travail.

　　　うん、家にいるよ。仕事から戻ってきたところなんだ。

　10）は小説の中のやりとりです。答えているのは刑事です。

10）Vous avez vu Benjamin ? — Nous le *quittons*.

　　　バンジャマンに会いました？ — 彼のところから来たところだ。

　こんどは、発話時点より後のコトです。あなたがパリのカフェテラスで友だちとコーヒーを飲んでいるとしましょう。その友だちが、前の歩道の通行人の中に知人を見かけたらしく、急に立ち上がって11）のように言い、テーブルを離れて追いかけて行きました。あなたに何を伝えようとしたのでしょうか。

11）J'*arrive* tout de suite.

　単に J'arrive. とだけ言うこともありますが、「すぐ戻ってくる（から待っていて）」と伝えているのです。現在スペースにおいて確実に起こるコトとして現在形で伝えることで、あなたが心配しないようにしています。こういう効果があるので、11）は、待ち合わせの場所にすでに着いている聞き手に携帯電話で「すぐ着く（から待っていて）」と伝える場合などにもよく使います。

　次も類例で、その場を立ち去ろうとしているときのことばです。

12）Bon, je m'en *vais*. Je suis déjà en retard.

　　　じゃあ、私は行くから。もうすでに遅刻しているんだ。

　9）～12）のコトは、起こるのが発話時点の前または後ですが、どれも発話時点の状況に深くかかわり、大きな影響を及ぼしています。話し手は、現在スペースの確定的なコトとして、現在形で聞き手に伝えています。

モダリティ：現在形で表すのは手応えのある現実

　話し手にとって、「自分 moi」がいる対話現場が「ここ ici」です。そして、ことばを発している発話時点が「いま maintenant」です。「ここ」を中心に広がるのが「自分と聞き手がいるこの世界」で、「いま」を中心に展開しているのが「自分と聞き手がいるこの時期」である現在スペースです。現在スペースの時間幅は話題によって伸縮自在です。あるコトを現在スペースのコトとして現在形で表すと、確かな手応えのある現実のコトとして聞き手に伝わります。言い換えると、「現実のこと」というモダリティ（コトのありかた）をはっきり打ち出すのに現在形が役立ちます（接続法と直説法の使い分けについては、4章で扱います）。

「持続中」を表す〈en train + de 原形〉

　3）の déjeuner や 13）の dormir のような動詞は、持続型の行為を表します。こういう動詞の場合、持続中のコトが現在形によって表せます。

13）Chut ! Le bébé *dort* dans la chambre d'à côté.

　　　しー！赤ん坊が隣の部屋で寝ている。

　だから、英語の〈be + 〜ing〉（進行形）に相当する形式は要りません。とはいえ、ときおり「持続中」を明示する必要が生じることがあります。たとえば、1）の Elle boit du vin. は「（習慣的に）飲む」「（今から）飲む」などいろいろな解釈が可能です。「（目下）彼女はワインを飲んでいる」と伝えたいのに他の解釈をされそうな対話場面や文脈なら、「持続中」を明示せざるをえません。そういう場合は、「持続状態」を表す名詞 train を含む〈en train + de 原形〉を使って、14）のように表します。

14）Elle est *en train de boire* du vin.

　avoir, être, habiter, savoir などは、表す行為が状態型なので、現在形によって「持続中」であることが確実に伝わります。そのため、〈en train + de 原形〉の組合せが必要になるようなことは原則としてありません。

2課 「外出中」は "Elle sort." ではない？
 — 現在形とペアを組む複合過去

　レアの家に友だちが訪ねてきたとします。お母さんが応接して「彼女は外出中」と告げる場合、1）と2）のどちらが適切でしょうか。

1）Elle *sort*.

2）Elle *est sortie*.

　人について sortir が表すのは、外出している状態ではありません。外に出る行為、つまり、内から外への境界を越えるという「成立イコール終了」の完結型の行為です。こういう動詞の現在形で表すのは、たいてい発話時点の直前または直後のコト（事態）です。1）の場合も、「出たところ」または「出ようとしているところ」と聞き手が受け取るのがふつうです。レアは対話現場か近くにいるはずで、「レアはいません」と言った後に1）の Elle sort. を続けるのは不自然です。

1'）Léa n'est pas là. ×Elle *sort*.

　これに対して、複合過去は行為が完了段階に達しているイメージを表すので、2）は「彼女は外に出てしまっている、外出中」というコトを表すことになります。2'）のように、「レアはいません」と言った後に2）を続けるのは問題ありません。

2'）Léa n'est pas là. Elle *est sortie*.

　お母さんの伝えたいことに適合するのは2）の方です。

現在スペースのコトを複合過去で表す

　現在形は、前の1課で見たように、さまざまなアスペクト（展開の様相）の行為を表すことができますが、行為が完了段階に達していることを表示する力はありません。それを補うのが、現在形に対応する複合形である複合過去です。3）は、朝の対話です。

3) Bonjour ! — Bonjour ! J'*ai* bien *dormi*. J'ai faim.

おはよう！ — おはよう！よく寝た。お腹が空いている。

話し手は、発話時点において bien dormir「よく寝る」という行為が完了段階に達していて、その結果として健やかな寝覚めの気分であることを聞き手に伝えています。

　4) は、会社の同僚同士のやりとりです。

4) Léa est toujours au siège ? — Non, elle *est revenue* depuis trois jours.

レアは相変わらず本社？ — いえ、戻ってきてます、3日前から。

revenir「戻る」という完結型行為が完了段階に達していて、その結果、現在スペースにおいてレアはここにいるということが聞き手に伝わります。レアがここにいる現状がどれぐらいの期間にわたって続いているかを示すのが depuis trois jours です。

　行為が繰り返される 5) のようなコトも、複合過去を使って表します。

5) Le samedi matin, Isabelle prend une douche quand elle *a joué* au tennis.

毎土曜日の朝、イザベルはテニスをするとシャワーを浴びる。

シャワーを浴びる時点で、イザベルはテニスをし終わっている状態です。5) は、現在スペースにおいて持続している習慣を表しています。

これまでしてきたこと、これまでに経験したこと

　ある人がどういう経歴の持ち主かを話す場面では、複合過去を使うことがよくあります。これまでしてきたことを話すのは、持続してきている行為を発話時点でいったん締めること、完了段階に達したと仮に見なすことにほかならない。複合過去を使うのはそのためです。

6) C'est quelqu'un qui *a* toujours *joué* un grand rôle dans ce domaine.

この分野でこれまでずっと重要な役割を果たしてきた人です。

話し手は、ある人の人生の現時点までの期間にわたるコトを伝えています。また、その期間のあいだ展開に中断がないことを toujours で示しています。

これまでに経験したことを話す場面でも、複合過去を使うことがよくあ
ります。7) の話し手は優秀な教員をそろえてフランス語学校を運営してい
る横山校長で、教員の一人のプロフィールを紹介しています。

7) Elise *a enseigné* le français à Kyoto pendant 6 ans.
　　　エリーズは京都で 6 年間フランス語を教えたことがあります。

横山校長が複合過去で聞き手に伝えたいのは、こういう教育歴をもってい
る人であるという、現在スペースにおける人物像です。

助動詞として être を使うのは

　フランス語学校で文章を書く授業があったとしましょう。8) の話し手
は、先生に聞かれて、何を書いたかを伝えています。

8) J'*ai écrit* un poème.　　詩を書きました。

　このように答える場面には、次の 8') のような状態があります。

8') J'*ai* un poème *écrit*.　　書かれた詩があります。

過去分詞 écrit は名詞 poème を修飾していて、「書かれた詩が手元にある」
という状態です。8') のこの状態は écrire un poème という行為が完了段階
に達した結果であり、8) の内容と実質的に同じです。8') の avoir と過去
分詞を含む形式から、8) の〈avoir の現在形＋過去分詞〉の複合過去が生ま
れたと考えることができます。

　複合過去を作るための助動詞として使うのはたいてい avoir で、être はか
ぎられています。自動詞では、aller, arriver, devenir, entrer, mourir, naître,
partir, rentrer, rester, revenir, sortir, tomber, venir など、移動・変化にかか
わる行為を表す約 20 だけが該当します。これらの自動詞の場合に être を
使う理由を、この課の冒頭で見た 2) の sortir に即して考えてみましょう。
レアは、はじめは在宅状態です。ところが、「外に出る」行為をしてしまう
と「外出中」になります。sortir が表す行為が完了段階に達すると、主語
のレアの状態が変わるわけです。この「主語の状態」が鍵です。もともと、
フランス語では、"Ma grand-mère *est* très dynamique." のように、主語の

人・事物の状態を表すときに使う動詞の代表が être です。それで、sortir の複合形を作るときに、話し手は自然に〈être＋過去分詞〉の組合せにしたくなるのです。移動や変化にかかわる行為を表す自動詞の場合に être を使うのは、行為が完了段階に達すると新しい状態が生まれるからです。

　もちろん、8) の écrire un poème のような行為も、完了段階に達すると変化が生じます。ただし、変化は主語にかかわるのではなく、目的語にかかわるものです。8) の場合は、それまでになかった「詩」が、書かれて存在するようになっているという変化です。

複合過去で聞き手を不安がらせたり安心させたり

　話し手は、聞き手に働きかけるために、複合過去の完了段階を表す特性を利用することがあります。9) は、忠告の理由を表す発話です。

9) Prenez un parapluie. Une averse *est* si vite *arrivée* !

　　　傘を持っていきなさい。にわか雨はいつやってくるか分からない。

これは、フランス人がよく口にする "Un malheur *est* si vite *arrivé* !" 「災いはいつやってくるか分からない」を踏まえています。複合過去と si vite の組合せによって、にわか雨が「早くももう襲ってきている」イメージを表しています。現在形の "Une averse *arrive* ..." 「～がやってくる」では出せない迫力があります。そのために聞き手が心配になって傘を持っていく気になること、それが話し手のねらいです。

　意外かもしれませんが、複合過去は、客観的には未来のコトについても使います。10) は同僚たちを引きとめておくための発話です。

10) J'*ai fini* dans deux minutes. Attendez-moi.

　　　すぐ仕上げてしまう。待っていて。

現在形の "Je finis..." なら「これから仕上げにかかる」ですが、複合過去で「仕上げる」行為が完了段階に達しているイメージを表しています。確実にそうなる、もう仕上げたも同然、という姿勢が伝わるので、聞き手は待つ気になることでしょう。

3課　過去を振り返り、未来を展望するとは？
— 現在スペース：複合過去と未来形・前未来

　　私たちは、過去にあったことをよく話します。ときには未来のことも話します。歴史書の記述などを引用するときは別として、ふだんの生活で私たちが話題にする過去のコト（事態）は、記憶の中に保存してあるものです。過去を振り返るのは、記憶の中のデータを検索することにほかなりません。一方、未来のコトは、たいてい想像の産物です。現在スペースから想像力によって未来を展望して思い描くコトです。

記憶の中から取り出す出来事：確定した事実

　　話し手が記憶の中から「こういう出来事があった」と取り出す過去のコトには、ごく短時間に生起・完結したものも、かなりの期間にわたって持続して完結したものもあります。どれも複合過去で表します。

　1）**Les Kim *sont rentrés* de vacances la semaine dernière.**

　　　キム一家は先週休暇から戻ってきました。

　2）**De 2005 à 2010, Elise *a enseigné* le français à Kyoto.**

　　　2005 年から 2010 年まで、エリーズは京都でフランス語を教えた。

　　記憶の中に保存してあるのは、実際にあったコトです。話し手は、1）、2）のように複合過去で表すとき、確定した事実と聞き手が受け取ってくれることを期待しています。過去の出来事を複合過去で表す操作は、図1で示すことができます（t_p は発話時点 t_0 から捉えた過去の時点）。

【図1】

　　　┄┄┄┄t_p┄┄┄┄────//////// t_0 ////////──
　　　　　複合過去

　1)，2)の場合、話し手は、現在スペース（斜線の部分）にいて、記憶の中からそれぞれ「キム一家が休暇から戻ってきた」または「彼女が京都でフランス語を教えた」という過去の出来事を取り出します。それは、「先週」という過去の時点 tp または「2005 年から 2010 年まで」という過去の期間 tp のコトです（tp が記憶の中であることを点線で示します）。どちらの場合も、ちょうど、駅のホームの中央 t0 に立って彼方を眺め、遠ざかっていく電車の後尾を tp の地点に見ているような感じです。

「現在完了」も「過去の出来事」も同じこと？

　ここで、1)の発話から、過去の時点 tp を示す補語 la semaine dernière を削除してみましょう。

1') Les Kim *sont rentrés* de vacances.

　1)は、キム一家が休暇から戻っているという「現在完了」とも「過去の出来事」とも解釈できます。キム一家が戻っている状態（現在完了）は sont rentrés で表します。この現状があるということは、「戻る」行為がその前にあったことを意味します。過去の出来事を現在完了と同じ sont rentrés で表すのは、こういうわけです。解釈は、複合過去が表す完了段階の行為について、現在スペースにおける状態に注目するか、生起・完結に注目するかによって二つに分かれます。実際の対話では、場面や文脈の手掛かりがあるので、聞き手にはどちらの用法か見当がつくものです。

　3)を見てください。オフィスでのやりとりです。

3) A : Vous *avez déjà* répondu au mail de la directrice ?

　　　部長のメールにはもう返事してありますね？

B : Oui. J'y *ai répondu* hier matin.

　　　はい。昨日の午前中に返事をしました。

répondre の複合過去は、「返事をする」行為が完了段階に達していることを表します。それを踏まえて、A は「現在完了」の発話を、B は「過去の出来事」の発話を構成しています。

想像力で未来を展望する

　話し手は、過去を振り返るだけではありません。想像力によって未来を展望してなんらかのコトを思い描くこともあります。そして、そのようなコトを表すときに、未来形を使います。行為が完了段階であれば前未来です。その操作は、図 2 で示すことができます（未来の時点 t_f が想像の中であることを点線で示します）。

【図2】

未来形（前未来）

　未来のコトには、4）のように短時間に生起・完結するものも、5）のようにある期間にわたって持続するものもあります。

4）Ce groupe de touristes *quittera* le musée d'Orsay à midi.

　　この観光グループは正午にオルセー美術館を離れることだろう。

5）L'année prochaine je *séjournerai* à Séoul deux ou trois mois pour étudier le coréen.

　　来年、韓国語の勉強のためにソウルに 2、3 か月滞在するつもりだ。

　未来のある時点までに完了段階に達している行為は前未来で表します。「未来のある時点」がどの時点かは、対話の流れから分かることも、6）のように状況補語（quand が導く時況節）ではっきりすることもあります。

6）Quand elle arrivera à la faculté, ils *seront* déjà *partis*.

　　彼女が大学に着くころ、彼らはすでにいなくなっているだろう。

これは、未来のある時点における状態を表す「未来完了」の用法で、複合過去の「現在完了」の用法に似ています。

　未来のある時点より前の出来事を表すときも、前未来を使います。7）は、6）の続きで、「彼女の大学到着時点」より前に生起・完結した出来事を表しています。

7）**Ils *seront partis* une heure plus tôt.**

　　彼らはその1時間前にいなくなっていることだろう。

こちらは、複合過去の「過去の出来事」の用法の同類です。

未来は不確定

　未来は、まだ確定していません。そこで、あれこれ推測したり、見通しを立てたりする余地があり、それを表すのが 4）, 6）, 7）です。また、働きかけの意志・希望をいだく余地もあり、それを表すのが 5）です。未来形・前未来には、不確定なところのあるコトを表す適性があります。天気予報や占いによく使うのも納得できます。

　未来の話でも、確定しているコトとして聞き手に伝えるときは、現在形（行為が完了段階なら複合過去）を使います。8）はその例です。

8）**Elle *part* à sa retraite à la fin du mois.**

　　彼女は月末に定年退職することになっている。

行為に向かって進んでいる：〈aller の現在形＋原形〉

　〈aller ＋原形〉の組合せは、原形の行為に向かって進むことを表すのが基本の働きです。9）を見ましょう。

9）**Attention ! L'assiette *va tomber* !**

　　　ちょっと！ 皿が落ちそうだよ！

「落ちる」は「近接未来」の行為ですが、aller の現在形はその行為に向かっていま進みつつあることを表しています。要するに、9）が表すのは、現在スペースのコトです。

　「（未来の時点において）あなたに知らせるつもりだ」というようなコトを 10）a で表す人もいますが、基本の働きから外れていて違和感があるという人も少なくありません。未来形の 10）b はだれもが容認します。

10）a.?**Quand elle arrivera à la faculté, je *vais* vous *prévenir*.**

　　b.　**Quand elle arrivera à la faculté, je vous *préviendrai*.**

4課 「あのころ」に飛ぶマシーンのしくみは？

— 過去スペース：半過去と大過去のペア

　話し手は、「あのころは、こうだった」と、過去のことを回想して話すことがあります。現在スペースにいるという意識を保ったまま、ある「過去スペース」を想起し、そこに自分が仮に移っているような気持ちになってその過去スペースのさまざまなコト（事態）を表すわけです。過去スペースに移動するときに、半過去・大過去がタイムマシーンとなります（大過去については、次の5課で扱います）。

過去の要素を踏まえる過去スペース

　話し手は、はじめは現在スペースにいます。そして、多くの場合、現在スペースにおいて捉えた過去の要素（出来事や時間的状況）をきっかけとして、過去スペースを想起します。1）のBの発話は、出来事をきっかけとして想起した過去スペースにおいて持続中のコトを表しています。

1）**A : Matthieu l'a donc rencontrée là-bas ?**

　　　つまり、マティウは、その女性にあちらで出会ったの？

　B : Oui. Elle *travaillait* dans une maison d'édition.

　　　そう。その女性は出版社で働いていた。

　過去スペースは、図1の下の横軸の斜線の部分で示すことができます。

【図1】

半過去（大過去）

　1)では、A が「マティウがその女性に出会った」という出来事を口にしています。B は、はじめは現在スペース（上の t_0 を含む斜線部分）にいるのですが、その出来事をきっかけに「そのころ」という過去スペース（出来事の時点 t_p に対応する時点 $t_{p'}$ を中心とする時間的広がり）を想起します。そして、その過去スペースに仮に移っているような気持ちになって、そこにおいて持続中の「彼女が出版社で働いている」というコトを半過去で表しています。

　2)は散歩中のやりとりです。A の発話に含まれている「私の（かつて通った）小学校」という過去の要素をきっかけとして、B は過去スペースを想起しています。半過去を使うしくみは 1)と同じです。

　2）A : Là, c'est mon école primaire.

　　　そこは、私の小学校。

　　B : Moi, j'*habitais* dans une rue plus loin, chez mes grands-parents.

　　　　僕は向こうの通りに住んでいた、祖父母のところで。

A の発話の「私の小学校」という時間的状況（時期 t_p）をきっかけに、B は「そのころ」という過去スペース（t_p に対応する $t_{p'}$ を含む時間的広がり）を想起します。そして、その過去スペースに仮に移っているような気持ちになって、そこにおいて持続中の「自分が住んでいる」というコトを半過去で表しています。

過去の要素を踏まえず、現状と対比する過去スペース

　対話に過去の要素がなにも現れていない場面で、話し手が、現在スペースの現実を踏まえて、それとの対比で過去スペースを想起することもあります。3)は、そういう場合の発話です。

　3）Ah, ça alors ! Je vous *croyais* à Séoul !

　　　あ、驚いた！ ソウルにいるとばかり思っていた！

このような、過去の要素を踏まえない過去スペースは、次ページ図2の下の横軸の斜線の部分で示すことができます。

【図2】

半過去（大過去）

3）では、目の前に思いがけない人がいるのに気づきます。現在スペース（上の横軸の斜線部分）におけるこの出来事がきっかけになって、話し手は、つい先ほどまでの過去スペースを想起し、そこで持続中であった「あなたがソウルにいると自分が思っている」というコトを半過去で表しています。

次も、対話に過去の要素がなにも現れていない場面での発話です。

4）**La vie est devenue terriblement chère à Paris. Tu sais, le loyer de ma chambre d'étudiant ne s'*élevait* même pas à 200 euros.**

パリの生活費はひどく高くなっているね。だって、僕の学生部屋の家賃は 200 ユーロにもならなかったんだよ。

話し手は、はじめの発話で、生活費が高騰しているパリの現状に devenir の複合過去で言及しています。そして、それを契機として学生時代という過去スペースを想起して、そのスペースにおける現状とは対照的なコトを半過去で表しています。

過去の要素：過去におけるだれかの発言

過去スペースを想起するきっかけとなるのが「人がなにか言う」という出来事のこともあります。5）〜7）がその例です。

5）**Galilée a soutenu que la Terre *tournait* autour du Soleil.**

ガリレオは地球が太陽のまわりを回っていると主張した。

6）**Hier la ministre a déclaré qu'elle *voulait* proposer un projet de loi.**

昨日、大臣は法案を提案する意向であると言明した。

7) Elle m'a <u>dit</u> tout à l'heure qu'elle *avait* vingt-huit ans.

　　　さっき、彼女は 28 歳だと言った。

　5) は、歴史上の出来事をきっかけとする場合の発話です。話し手は、主節の「ガリレオが主張した」という出来事をきっかけに、その時点 t_p に対応する $t_{p'}$ の時点を含む 16 世紀末という過去スペースに仮にワープしている気分になります。そして、そこにおいて持続中のコトを半過去で表しています。6) は、もっと近い過去の発言です。話し手は、主節の「大臣が言明した」という出来事をきっかけに、その時点に対応する過去スペースに仮に移っているような気持ちになって、そこにおいて持続中のコトを半過去で表しています。7) は、つい先ほどの発言で、主節の「彼女が言った」という出来事をきっかけに、その時点に対応する過去スペースにおいて持続中のコトを半過去で表しています。

　過去スペースに移っているような気持ちになっているとき、話し手は、自分が現在スペースにいることを忘れていません。そうでないと、過去スペースが新たに現在スペースになってしまいます。

半過去は、現在スペースには触れない

　過去スペースは、図 1, 図 2 で示すように、現在スペースの時間の流れには属していません。現在スペースとは断絶した、発話時点から多少なりとも距離のある時間的広がりです。

　5) の「地球が太陽のまわりを回っている」というコトはもちろん、おそらく 6) の「大臣が法案を提案する意向である」というコトも 7) の「彼女が 28 歳である」というコトも、今なお成り立っているコトです。しかし、5)~7) の話し手は、そのことには触れないという姿勢で聞き手に伝えています。言い換えると、半過去は、コトが過去スペースにおいて生起・持続していることを表すだけで、現在スペースにおいてどうであるかは表示しません。対話場面や文脈から推測することはできますが、半過去自体は中立でなにも情報を与えないのです。

5課 「忘れていた」は "J'oubliais." ではない？

— 半過去と大過去の使い分け

　同僚に "Tu n'es pas venu à la réunion hier." 「昨日会合に来なかったね」と指摘されて、「それ（会合）を忘れてしまってたんだ」と答えるとします。この場面には、1)と2)のどちらが適切でしょうか。

1) Je l'*oubliais*.

2) Je l'*avais oubliée*.

　oublier が表すのは、「記憶からなくす」という完結型の行為です。この場面で伝えたいのは、会合の時点に対応する過去スペースにおいて、その行為が完了段階に達していたことです。適切なのは、大過去の2)です。

　半過去の1)は、たとえば、会合がこれから開かれることを思い出して、「それを忘れるところだった」と言うような場面で使います。実際、なにかを急に思い出したときの「あ、忘れるところだった」は、目的語なしで "Ah, j'*oubliais*." のように言います。思い出している現在スペースの現実を踏まえて、それとの対比で過去スペースを想起し、そこで起こりそうになっていた忘却というコト（事態）を半過去で表すわけです。

半過去は、過去スペースの現在形

　話し手は、しばしば過去の要素（p.50 図 1 の時点 t_p の出来事や時間的状況）をきっかけとして、過去スペース（$t_{p'}$ を中心とする広がり）を想起します。話し手は、$t_{p'}$ において生起・持続に立ち会っているコトだけでなく、それより前や後のコトも、3)、4)のように半過去で表します。

3) Oui, j'étais chez moi. Je *rentrais* de mon travail.

　うん、家にいたよ。仕事から戻ってきたところだったんだ。

4) Quand je suis passé chez elle, elle *partait* au travail.

　彼女の家に寄ったとき、彼女は出勤しようとしていた。

3)、4) のコトは、起こるのが時点 $t_{p'}$ の前または後ですが、どれも $t_{p'}$ の状況に深くかかわり、大きな影響を及ぼしています。そう感じられるので、話し手は、その過去スペース内のコトとして半過去で表しています。半過去のこういう働きは、現在スペースについて現在形がする働きと同じです。

過去スペースのコトは、実際にあったこととして話し手の記憶の中に保存してあるコトです。話し手は、半過去でコトを表すとき、聞き手が事実と受け取ってくれることを期待しています。もちろん、「自分たちがいるこの時期」である現在スペースの確かな手応えのある現実とは違って、多少なりとも距離のある、遠いことという感じはともないます。

複合過去と半過去の対照

次の 5)a と 5)b について、話し手が現在スペースと過去スペースのどちらにいると意識しているか考えてみましょう。

5) a. Elle *a enseigné* le français à Kyoto de 2005 à 2010.

彼女は 2005 年から 2010 年まで京都でフランス語を教えた。

b. En 2009, elle *enseignait* le français à Kyoto.

2009 年に、彼女は京都でフランス語を教えていた。

話し手は、5)a では、現在スペースにいて、記憶を探って過去の出来事を取り出しています。5)b では、"En 2009" という時間的状況をきっかけとして想起した過去スペースに仮に移っている気持ちになって、そこにおいて持続中のコトに立ち会っています。

6) は、違いのかなりある二つのコトを、同じ avoir の複合過去と半過去を使って表しています。

6) Elle *a eu* le prix Goncourt avec son deuxième roman. Elle *avait* 30 ans.

彼女は 2 作目の小説でゴンクール賞を獲得した。30 歳だった。

現在スペースにいて記憶の中から取り出した過去の出来事を表すために複合過去を、過去スペースにおいて立ち会っている持続中のコトを表すために半過去を、それぞれ使っています。

大過去は、過去スペースの複合過去

　現在スペースについて複合過去が担う働きは、過去スペースについては大過去が担います。そのことは、両者の形を見比べてみれば納得できるでしょう。

　　複合過去：〈 avoir, être の**現在形**＋過去分詞 〉
　　大過去　：〈 avoir, être の**半過去**＋過去分詞 〉

　「現在完了」を複合過去で表すのと同じように、過去スペースにおいて行為が完了段階に達している「過去完了」は 7), 8) のように大過去で表します。

7）Quand il est venu la voir à l'hôtel, Léa *était partie*.

　　　彼がレアに会いにホテルに来たとき、彼女はいなくなっていた。

8）Elle est entrée par la fenêtre de la cuisine. Elle *avait perdu* ses clés.

　　　彼女は台所の窓から入った。鍵を失くしていたので。

7), 8) の過去スペースにおいて、partir が表す「いなくなる」行為も perdre ses clés が表す「鍵を失くす」行為も、完了段階に達しています。話し手が聞き手に伝えたいのは、その結果生じていた「彼女が不在の状態」または「ドアから入れない状態」です。

　現在スペースで捉える「過去の出来事」は、複合過去で表します。話し手は、過去スペースに仮に移っている気持ちのときに、さらに過去を振り返って（記憶の中を探って）「過去における過去の出来事」を取り出すことがあります。それは、9), 10) のように大過去で表します。

9）Ils vivaient dans une petite maison confortable que leur père *avait construite* lui-même quelques années plus tôt.

　　　彼らは小さくて快適な家で暮らしていたが、それはその数年前に父親が自分で建てたものだった。

10）Elle n'a pas pu voir Matthieu parce qu'il *était parti* la veille.

　　　彼女はマティウに会えなかった。その前日にいなくなっていたから。

大過去ではじめのコトを言うだけにとどめると…

　話し手は、大過去で過去スペースのコトを言うだけにとどめ、その後に起こった「過去の出来事」に触れないことによって、かえってその出来事があったことを聞き手が強く受けとめるようにすることがあります。11）は相手のことばを信じて人を待っていたのにその人が現れていない場面、12）は相手の約束を信じていたのに不履行のままである場面です。

11）Vous m'*aviez dit* qu'elle venait à onze heures.

　　　彼女が11時に来ると言ってましたよね。

12）Vous m'*aviez promis* deux millions d'euros.

　　　200万ユーロを約束してくれてましたよね。

ものごとが発言・約束のとおりに運んでいないことは、対話現場の状況から明白です。話し手は、「彼女は来なかった」事実も「200万ユーロをもらっていない」事実も指摘しないでいます。それによって、そういう事実を察するよう聞き手を追い込んで、批判・非難を効果的に伝えています。

　次は、話し手自身の発言と約束の例です。13）は、自分の言ったことを聞き手は信じてくれていなかったかもしれないけれど、そのとおりになっているという場面です。14）は、自分が約束を履行することを聞き手は信じてくれていなかったかもしれないけれど、ちゃんと履行してあるという場面です。

13）Tu vois. Je te l'*avais dit*.

　　　ほらね。私はそう言っておいたよ。

14）C'est normal. Je te l'*avais promis*.

　　　当然です。約束してあったのだから。

ものごとが自分の発言・約束のとおりに運んでいることは、対話現場の状況から明白です。話し手は、「自分の発言どおりのことが起こった」事実または「約束どおりに自分は行動した」事実を口にしていません。それによって、話し手の先見性・誠実さを認めるほかないところに聞き手を追い込むという表現法です。

6課　過去において展望した未来のことは？

— 過去スペース：条件法現在と条件法過去

　　レアが友だちに現在形で 1)のように言うとします。

1）Je *ressemble* à mon père.

　　　　私は父に似ている。

　　これを聞いた友だちが、何日かたってから、レアの発言を別の友だちに伝える場面を想像してください。2)のような言いかたが考えられます。

2）L'autre jour, Léa m'a dit qu'elle *ressemblait* à son père.

　　　　この前、レアは父親に似ていると私に言った。

　　このように、発言動詞の後に〈que 主語＋直説法〉をつづけることによって他者の発言内容を伝える方式は、「間接話法」と呼ばれています。レアの発言を 2)のように間接話法で伝えるとき、話し手は、まず、現在スペースから過去を振り返って、記憶の中から「先日」レアが発言したという「過去の出来事」を取り出します。そして、「先日」と同時期の過去スペースを想起して、そこにおいて持続中の「彼女が父親に似ている」というコト（事態）を半過去で表しています。

間接話法：自分の立場から捉えなおして伝える

　　じつは話し手は、レアの発言を 2)のように伝えるとはかぎりません。現在形を使って 2')のように伝えることも考えられます。

2'）L'autre jour, Léa m'a dit qu'elle *ressemble* à son père.

　　　　先日、レアが私に言ったんだけど、彼女は父親に似ているって。

この場合、話し手は、まず現在スペースから過去を振り返って、「この前」レアが発言したという「過去の出来事」を取り出します。そして、（過去スペースを想起することなく）「彼女が父親に似ている」というコトを現在スペースにおいて持続中のこととして現在形で表しています。つまり、レア

が発言したという出来事とは切り離して、発言内容を現在スペースのこととして聞き手に伝えています。

　間接話法で人の発言を伝えるとき、話し手は発言内容を「ここに今いる自分」の立場から捉えなおして伝えます。捉えなおしは、いろいろな要素に及びます。1)の発言を伝える場合、発言者と聞き手および自分の関係によっては、Léa ではなく、ma meilleure amie「私の親友」や cette salope「あのばか女」のような言いかたをすることも考えられます。発言動詞も dire とはかぎらず、話し手がレアの発言行為をどう評価するかに応じて、avouer「告白する」や prétendre「言い張る」などを使うことも考えられます。補足節である〈que 主語＋直説法〉の時制は、話し手が過去スペースのコトとして聞き手に伝えるかどうかによって変わります。文法書には、主節の発言動詞が過去形の場合は「時制の一致」により補足節に半過去または大過去を使うと説くものもありますが、話し手は、聞き手にどの時期のコトとして伝えたいかに応じてそのつど適切と感じる時制を選ぶのです。

「レアは外出中とお母さんが答えた」は大過去で

　レアの家に友だちが訪ねてきて「レアはいますか？」と聞いたのに対して、お母さんが sortir の複合過去を使って 3)のように答えたとします。

3) Elle *est sortie*. 　彼女は外出中よ。

　その友だちが、何日かたってから、レアのお母さんの発言を別の友だちに伝える場面では、4) のような言いかたをすることが考えられます。

4) Sa maman m'a répondu qu'elle *était sortie*.
　　　お母さんが彼女は外出中だと私に答えた。

話し手は、まず、現在スペースから過去を振り返って、何日か前にお母さんが答えたという「過去の出来事」を記憶の中から取り出します。そして、この出来事と同時期の過去スペースに仮に移っている気持ちになり、そこにおいて行為が完了段階に達しているコト（過去完了）を sortir の大過去を使って伝えています。

過去スペースにおいて思い描いた未来のコト

　話し手は、過去スペースにおいて未来方向を展望して思い描くコトを表すのに条件法現在（過去未来）を使います。行為が完了段階であれば条件法過去（過去未来の複合形）で表します。その操作は、図 1 で示すことができます（過去未来の時点 t_{fp} が想像の中であることを点線で示します）。

【図 1】

$$-\!\!\!-\!\!/\!/\!/\!/\!/\!/\!/\!/\, t_{p'}\, /\!/\!/\!/\!/\!/\!/\!/\!/-\!\!\!-\!\cdots\cdots t_{fp}\cdots\cdots$$

条件法現在（条件法過去）

　5）は、これとは違って、現在スペースから未来方向を展望して、こうなるだろうと推測したコトを未来形と前未来を使って表す発話です。話し手はルイで、聞き手は友だちです。

5）Quand elle *arrivera* à la faculté, ils *seront* déjà *partis*.

　　彼女が大学に着くころ、彼らはすでにいなくなっているだろう。

　その友だちが、その後しばらくして、ルイの発言があったことを別の友だちに伝える場面を想像してください。6）のように条件法現在と条件法過去を使うことが考えられます。

6）Louis m'a dit tout à l'heure que, quand elle *arriverait* à la faculté, ils *seraient* déjà *partis*.

　　彼女が大学に着くころ彼らはすでにいなくなっているだろうとルイはさっき私に言った。

話し手は、さっきルイが発言したという「過去の出来事」と同時期の過去スペースを想起し、そこに仮に移っているような気持になります。そして、そこにおいてルイが未来方向を展望して思い描いた「過去未来」のコトとして「彼女が大学に着く」ことと「彼らはすでにいなくなっている」ことを条件法現在・条件法過去で聞き手に伝えています。

　もちろん、話し手が、ルイの発言を 6'）のように伝えることも考えられます。

6′) Louis m'a dit tout à l'heure que, quand elle *arrivera* à la faculté, ils *seront* déjà *partis*.

この場合、発言内容の「彼女が大学に着くころ彼らはすでにいなくなっているだろう」を現在スペースから展望して思い描いたコトとして聞き手に伝えようとしています。間接話法については、主節の発言動詞が過去形の場合、最初の発言の未来形・前未来の代わりに条件法現在・条件法過去を使うと説く文法書もありますが、そのように機械的に「時制の一致」をするのではありません。話し手は、そのつど聞き手にどの時期のコトとして伝えたいかに応じて適切と感じる時制を選ぶのです。

過去未来は現実感に乏しい

この章の 3 課（p.49）で見たように、未来はまだ確定していないので、見通しを立てたり働きかけを意図したりする余地があります。未来形・前未来には、不確定なところのあるコトを表す適性があります。

過去未来は、現在スペースから直接アクセスすることはできません。いったん過去スペースに移って、さらにそこから未来方向を展望する、現在スペースからは遠く離れた世界です。過去未来のコトは、はるか遠くにかすんで見えます。現在のコトをあえて条件法現在・条件法過去で表せば、現実感がまったく乏しい感じがするのは当然です。

過去未来のコトを、確定していることとして伝える

3 課（p.49）では、未来のコトでも、確定していることとして聞き手に伝えるときは、現在形・複合過去を使うことを見ました。じつは、過去未来のコトでも、確定していることとして聞き手に伝えることがあります。そういうときは、半過去・大過去を使います。7) はその例です。

7) Ce jour-là, elle m'a dit qu'elle *partait* à sa retraite à la fin du mois.

その日、彼女は月末に定年退職することになっていると私に言った。

7課　"Si on allait ailleurs ？"が丁寧なのは？

—〈si 節〉の時制と si のはたらき

　1章6課（p.30）で、"Entrons voir !"「入ってみよう」のような命令文の場合、話し手は、聞き手が自分の言うとおりにすると決めこんでいる姿勢であることを見ました。1), 2)は、それとはかなり感じが違います。

1) C'est bruyant ici. Si on *allait* ailleurs ？

　　　ここは騒がしい。よそに行かない？

2) Si nous *prenions* quelque chose dans ce café ？

　　　このカフェでなにか飲みません？

　この言いかたの場合は、話し手が聞き手の意向に配慮しつつ提案していることが伝わります。聞き手を尊重していることが〈si 主語＋半過去〉の疑問文から伝わるわけですが、どういうしくみでそうなるのか少し考えてみましょう。

直説法：時制のセットは二つある

　これまで見てきたように、フランス語には現在スペース用の時制セットがあり、さらに過去スペース用にそれと同じ構成の時制セットがあります。過去スペースは、現在スペースとは断絶しています。

【図1】

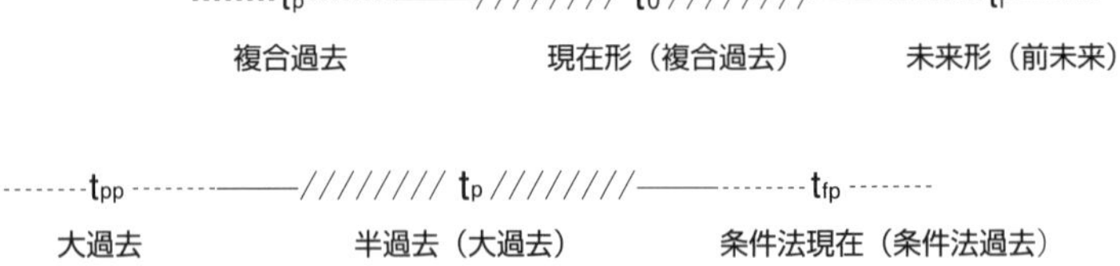

```
--------tp-------------//////// t0 /////////----------tf--------
    複合過去            現在形（複合過去）        未来形（前未来）


--------tpp-------------//////// tp ////////----------tfp--------
     大過去            半過去（大過去）        条件法現在（条件法過去）
```

　二つの時制セットで同じ位置にある次のペアは、基本の働きが同じです：
　　・現在形（複合過去）と半過去（大過去）
　　・複合過去と大過去
　　・未来形（前未来）と条件法現在（条件法過去）
たとえば、複合過去は「現在完了」という基本の働きから発して「過去の出来事」を表し、対応する大過去は「過去完了」という基本の働きから発して「過去における過去の出来事」を表す、といった具合です。

　もちろん、両セットのあいだには違いもあります。現在スペースについては、話し手は「自分がいるこの時期」と実感しています。現在形または複合過去を使って表す現在スペースのコト（と現在スペースから振り返る「過去の出来事」）には、「今のこと、今につながっていること」という確かな手応えがあります。ところが、半過去または大過去を使って表す過去スペースのコトは、現実にあったことではあるけれど、現在スペースとは断絶した「多少なりとも遠い世界のこと」という感じがともないます。

si のはたらき：現在・未来のことを仮定する

　si は、仮定節〈si 主語＋直説法〉でよく使います。その場合、現在または未来のありそうな（起こる蓋然性が高い）コトを仮定するときは、現在形（行為が完了段階なら複合過去）を使います。

3）Si le patron l'*apprend*, ce sera une catastrophe.

　　　社長にそれを知られると、大変なことになるだろう。

si で仮定の世界を設定し、その世界においては現実であるコトを現在形で表しています。未来形（前未来）は、「不確定」の感じがあるので、使えません。このように、〈si 主語＋現在形（複合過去）〉によって、「仮の世界において現実であるコト」として、ありそうなことが仮定できるのです。

　帰結は、仮定のコトに引きつづいて起こる見込みのコトなので、たいていは未来形・前未来で表します。「必ずこうなる」と断定するなら、現在形・複合過去で表します。

現在・未来の、ありそうにないことを仮定する

4) で仮定しているのは、現在の事実に反するコトです。また、5), 6) で仮定しているのは、未来において起こりそうにないコトです。どちらの場合も、〈si 主語＋半過去（大過去）〉で表します。

4) **Si elle *était* ma fille, je ne la laisserais pas agir comme ça.**

　　彼女が私の娘だったら、こんなふうに行動させておかないのだけれど。

5) **Si son fils *venait*, elle serait contente.**

　　もしも息子が来るようなら、彼女は喜ぶことだろうに。

6) **Si on *avait fini* demain, on pourrait passer un week-end tranquille.**

　　明日仕上げてしまえば、穏やかな週末が過ごせるのだけれど。

　仮定しているコトはありそうにない。その感じを伝えるために、多少なりとも遠い世界の感じのする過去スペース用の半過去・大過去が役立つのです。ありそうにないコトの帰結は、4)~6) では条件法現在で表しています（行為が完了段階の帰結なら条件法過去で表します）。帰結を、まったく現実ばなれしたこととして伝えるのに、過去から未来を展望して思い描く（非常に遠い感じのする）コトを表す時制が適しているのです。

　これで、1), 2) の〈si 主語＋半過去〉が丁寧な提案になる理由が分かってきました。si の後に起こりそうにないコトを言っていて、聞き手に押し付けようとはしていません。また、上昇イントネーションで仮定節を言うにとどめて、帰結を表していません。どういう帰結になるかについては、完全に聞き手の意向を尊重する姿勢であることが伝わります。

過去に起こらなかったことを仮定する

　過去のことで、事実に反するコトを仮定するときは、〈si 主語＋大過去〉で表します。

7) **Si je n'*avais* pas *perdu* mon billet, j'aurais pu écouter ce concert.**

　　チケットを失くしていなければ、その演奏会を聴けたのだけれど。

現実には、J'ai perdu mon billet. 「チケットを失くした」という状況で、Je

n'ai pas pu écouter ce concert.「その演奏会が聴けなかった」という帰結が
ありました。話し手は、ある過去スペースについて、現実に反するコトを
想定しています。それを伝えるのに、「過去における、さらに過去の出来事」
という遠いコトを表す大過去が役立っています。

　無理に想定した「事実に反するコト」の帰結は、7) では条件法過去で
表しています。現実からはるか隔たっていることとして聞き手に伝えるの
に、過去未来というはるか遠い世界を表す時制が役立つのです。

　〈si 主語＋大過去〉は、仮定する内容が現在の事実に反するコトと未来
の起こりそうにないコト（行為は完了段階）の場合だけでなく、過去の事
実に反するコトの場合もあるわけです。話し手は、そのどれであるかが、
対話場面と文脈から聞き手に分かるように配慮して話します。

〈si 主語＋現在形（複合過去）〉は事実も表す

　〈si 主語＋現在形（複合過去）〉は、仮定節とはかぎりません。8), 9)
では事実をテーマとして提示しています。

8) Si elle *bosse* autant, c'est qu'elle éprouve le besoin de s'améliorer.

　　彼女がこんなに勉強するのは、向上する必要を感じているからだ。

9) Si je t'*ai dit* la vérité, c'est parce que je te savais discret.

　　　あなたに本当のことを言ったのは、口が堅いのを知ってたから。

「彼女がこんなに勉強する」も「あなたに本当のことを言った」も、すでに
聞き手が知っている事実です。どちらも何らかの意味で問題をはらんでい
るコトです。そこで、話し手は、コトをあらためて取り上げています。新た
な話の枠組みの中でコトを捉えなおして、なんらかの決着をつけようとし
ています。si は、枠組みを設定するために役立っています。

　こうして見てくると、si の働きは「新しい枠組みを設定すること」と言
えそうです。その枠組みは、仮定の世界とはかぎりません。話し手は、枠
組みがどういうものであるかが、対話場面と文脈から聞き手に分かるよう
に配慮しながら話します。

表すときの快感と不快感

　話し手はなんらかの意図があって発話を構成し、それを聞き手に向けて発します。意思疎通がうまくいくためには、話し手と聞き手が少なくともAからDまでを共有していなければなりません。

A. フランス語の知識・感覚

B. 言及する事物・世界についての知識

C. 人間関係・対話場面の性格・文脈の認識

D. フランス社会における言語習慣の知識・感覚

話し手（意図 > 発話構成）　→　発話　→　聞き手

　対話成立の基盤となるのは、Dです。話し手は、BとCを踏まえて、Aによって発話を構成します。たとえば、2章7課（p.62）では、「聞き手の意向に配慮しつつ提案する」場面で、〈si on ＋半過去〉の組合せを使う場合があることを見ました。フランス人は、接続詞 si と代名詞 on、そして半過去と疑問文のそれぞれの働きについて、感覚をもっています。話し手は、表そうとすることにしっくりくると感じる語彙・文法要素を選んで、"Si on allait ailleurs ？"のような発話を構成するのです。

　フランス語の習得とは、語彙・文法に体系的にアプローチして、フランス人がもっている感覚を身につけることです。感覚というのは、究極的には快感と不快感です。言い表したいことに表現が「しっくりくる」のは快感で、「なんだかずれている、違う」というのは不快感です。日本語でも、「菅家さんが歩いていることを見かけた」は違和感があるので言いません。「歩いているのを見かけた」はしっくりきて、快感です。

3章
聞き手に配慮しながら伝える

　1章で見た代名詞も2章で見た直説法の時制も、たがいに絡み合いながら「ことばづかい」に深くかかわっています。話し手は、聞き手に言いたいことがうまく伝わるように、いろいろな表現形式を巧みに組合わせています。

　この章では、まず、調子の表現として ça と aller, être の組合せを使うしくみを明らかにします。次に、「語調緩和の半過去」と呼ばれる半過去の用法が「過去スペース」の事態を表すというありふれた半過去の用法で説明できることを見ます。さらに、「代名動詞」という特殊な動詞があるかのような文法書の記述に少し異議を唱えます。最後に、pouvoir のいろいろな用法の背後に隠れている基本の働きがどういうものか考えます。

1課　人やものごとの調子をたずねるには？

— ça と aller の単純形

　人やものごとの調子（具合・都合）を話題にするとき、話し手は、しばしば 1)~4) のように〈ça + aller〉の組合せを使います。

1) **Bonjour ! Ça *va* ? Ce n'est pas trop dur ?**（現在形）

2) **Je suis venu voir si ça *allait*.**（半過去）

3) **Qui est-ce qui veut un sandwich ? Toi ? — Merci, ça *ira*.**（未来形）

4) **Nous, on espérait que ça *irait*.**（条件法現在）

　どの発話も aller の単純形であることに注意してください。「うまくいった」というコト（事態）を aller の複合形を使って表すことは、まれにしかありません。たとえば、学生同士が試験の直後に「できた？」とたずね合ったりするような場面で、5) のようには言いません（est の前では ça ではなく ce の形を使います）。

5) ×**C'*est allé* ?**（複合過去）

　調子の表現〈ça + aller〉にも謎がありそうです。

動詞 aller の基本のはたらき

　aller は、ある場所への移動を表す動詞で、おもに、移動が「（どこから）どこに」であるかと「どのように」であるかを表すときに使います。6), 7) のように行き先や移動手段を示す補語を添えるのが原則です。

6) a. **Léa *va* à Lyon. Elle y *va*.**

　　b. **Ce train *va* de Paris à Strasbourg.**

7) **Léa (y) *va* à pied [en voiture / par l'avion de 13 heures].**

8) [移動の意味で] ×**Léa *va* bien.**

8) は、移動手段などの様態を示さない bien があるために、聞き手は移動の話として解釈することができません。

移動の動詞で調子を表す

　移動の動詞の中では、marcher も調子の表現によく使います。とくに機械類の動きが順調かどうかを表すときに、しばしば bien や mal のような副詞を添えて使います。9)はその一例です。

9) Le lave-vaisselle *marche* mal.　食器洗い機は調子が悪い。

機械類の作動を、左右の足を交互に規則的に動かす歩行行為に見立てる表現法です。

　一方、人の調子を marcher で表そうとする 10) は、容認されません。

10) ［調子の意味で］ × **Comment *marchez*-vous ?**

聞き手は、「どのように歩きますか？」という質問と受け取ります。このように人について marcher を使えば、当然、基本の意味の「歩く」が最優先だからです。

　aller で調子を表すときは、人やものごとの調子（勢い・進み具合・なりゆき・移り変わり）を移動に見立てています。ということは、調子の用法が成立するためには、aller が「行く」の意味で解釈されないことが前提となります。6)〜8)をもういちど見てください。6), 7) は、aller の移動の意味が優先するので、調子の表現としては容認されません。反対に、bien を含む 8)は、aller が移動の意味で解釈できないので、調子の表現として解釈する余地があります。要するに、調子の用法が成立するためには、移動の用法をブロックする対話場面・文脈であることが不可欠です。

　たとえば、11)〜13)では、bien を添えた発話だけが容認されます。

11) Léa *va* bien. / ×**Léa *va*.**

12) L'économie française *va* bien. / ×**L'économie française *va*.**

13) Tout *va* bien. / ×**Tout *va*.**

　8)で見たように、bien をともなう aller は、移動の意味では解釈できません。bien を含む 11)〜13)は、移動の用法がブロックされています。そして、bien は「順調に、都合よく、うまく」を表すので、調子の用法にスイッチが入るのです。

〈ça + aller〉で調子が表せるわけ

　主語が ça である 1)〜4)のような発話は、移動の用法をブロックする補語がないのに調子が表せます。それは、なぜでしょうか。そもそも "Ça va." を使うのはどういう場面か考えてみましょう。代表的なのは、いうまでもなく 14)のような出会いの場面です。

14) A : Bonjour. Ça _va_ ?

　　B : Oui, ça _va_, merci. Et toi ?

　出会いばなに口にするのだから、話し手が ça で対話現場の具体的な移動主体（たとえば、乗り物）をさすことは考えられません。また、aller に行き先などを示す補語がないので、移動を表すとも受け取れません。つまり、対話現場の特性によって移動の用法はブロックされています。一方、1章3課 (p.18) で述べたとおり、出会いの場面において人やものごとの調子を話題にするのは、社会生活におけるごく自然な行いです。

　これ以外にも、さまざまな場面において、ものごとの調子を表すのに〈ça + aller〉を使います。たとえば、15)は、友だちに "On part quand?"「いつ発つの？」と聞かれて答える場面で、日程が友だちにとって好都合であることを確かめようとしています。

15) Demain matin, ça _va_ ?　　明日の朝だけど、それでいい？

　16)は、Je vous raccompagne.「送っていきます」と申し出てくれた人に対して、それにはおよばないという見通しを伝える場面です。

16) Ça _ira_, je connais le chemin, je vous remercie.

　　　　大丈夫、道は分かっています。ありがとう。

　こうして見てくると、一般に、調子の表現として〈ça + aller〉を用いるのは、17)のような場合であると言えます。

17)〈ça + aller〉を調子の表現として用いるのは、対話場面・文脈から人やものごとの調子を話題にしていることが聞き手に分かってもらえると話し手が判断する場合である。

　1)〜4)のような発話で調子が表せるのは、17)に該当するからです。

aller の複合過去は、調子の表現に向かない

　aller が表すのは、「ある場所に至る」という完結型の行為です。調子というのは状態だから、aller は調子の表現に適しているとは言えません。そして、複合過去は完了段階に達している行為を表します。この二つが結びつく aller の複合過去は、移動と相性が良く、移動の用法はブロックされにくい。だから、aller の複合過去は、調子の表現には向かないのです。実際、現在形の "Ça va." は（bien をともなわなくても）17）に該当するので調子を表す発話として使えますが、複合過去に変えると容認されなくなります。それが、5）の×C'est allé ? だったのです。

　試験直後に教室から出てきた学生同士がことばを交わす5）の場面は、先行文脈がないので文脈によって移動の用法がブロックされることがありません。また、試験の調子以外のことが話題になる可能性も十分あります。つまり、17）の「調子を話題にしていることが聞き手に分かってもらえる」という条件を満たしにくい場面です。そのために、調子の用法にももともと不向きな aller の複合過去の5）は容認されないのです。

c'est allé で調子が表せるとき

　めったにないことですが、対話場面・文脈の強力な支えによって移動の用法がブロックされている場合に、調子を表すために aller の複合過去を使うことがあります。たとえば、サークル活動が資金不足でうまくいっていなかった時期が過去にあった学生が、思い出話をしている場面を想定しましょう。はじめから活動の具合・調子が話題になっているわけです。その時期に卒業生が多額の寄付をしてくれて、そのおかげで「すぐにうまくいくようになった」とか「その後、ますます順調に運んだ」とかの様態をmieux や de mieux en mieux のような補語で示すなら、聞き手は、複合過去の18）, 19）も調子の発話として解釈できるようになります。

18）C'*est* tout de suite *allé* mieux.

19）Par la suite, c'*est allé* de mieux en mieux.

2課　ウエイターが「サアエテ？」と聞くのは？
― être の複合過去

　都会のカフェの多くは、会社勤めの人たちが昼休みに軽めの食事ができるようになっています。フランスに旅行した人は、そういうカフェや格式ばらないレストランでランチを食べた場合などに、ウエイターに「サアエテ？」と聞かれた経験があるかもしれません。1)がそれで、動詞は être の複合過去です。

1）Ça *a été* ?

　この質問は、メインディッシュを食べ終わったタイミングにされることが多く、その後に、デザートをどうするか聞かれることもあります。ウエイターが親しい口調で食事の感想を求める質問で、「良かったですか？」といった感じです。年配の客の中には、馴れ馴れしい態度と受け取る人もいるようです。フランスでは、かなり前からサービス業に従事する人が客に親しい間柄の口調で対等の話しかたをする傾向が強まってきているのですが、これもその一つです。

"Ça a été ?" を使う場面

　じつは、"Ça a été ?" は、カフェやレストランの食後専用ではなく、使う場面はほかにもいろいろあります。この章の1課（p.68）で取り上げた、学生同士が試験の直後に「できた？」とたずね合う場面も、その一つです。

　2)は、親が学校から帰ってきた子供に「うまくいった？　学校では」とたずねています。

2）Ça *a été*, à l'école ?

　3)、4) もこの2)に似ています。職場やキャンパスでの一日が終わって帰宅しようとしている同僚同士・学生同士のやりとり、または帰宅しただ

れかと家族のやりとりです。

3) Ça *a été*, aujourd'hui ?　— Pas mal, oui. Et toi ?

4) Alors, ça *a été* ta journée ?　— Bof.

bof は、あまり思わしくないという気分を表す間投詞です。

　これらの発話で、ça a été は、人やものごとの調子について「良かった、うまくいった、順調だった」を表しています。2)~ 4)は、原則として、家族・友人・同級生・同僚といった親しい間柄のことばです。一般に、ça a été の使用は、くだけた話しかたの場面にかぎられます。よりあらたまった話しかたの場面では、(se) passer の複合過去の 5) をよく使います。

5) Ça s'*est* bien *passé* ?

ça a été は〈ça + être +属詞〉の構文ではない

　注意しなくてはいけないのは、ça a été が〈ça + être +属詞〉の構文ではないということです。目の前にあるものや相手が話題にしている事物が何であるかたずねるために属詞構文の C'est... ? をしり上がりに言って相手に属詞を補うよう求めることがありますが、"Ça a été ?"はそれではなく、〈ça + être〉の構文なのです。その根拠として、次の 2 点をあげることができます：

・質問する側は oui の答えを期待する姿勢であり、聞かれた側は "Ça a été." とだけ答えることはあっても、"Ça a été bon.","Ça a été bien."のように属詞を言い添えることはない；

・ça a été の直後に、2),3)の à l'école, aujourd'hui のような状況補語を付け加えたり、4)の ta journée のような話題を示す語句を言い添えたりすることができる。

　同じ〈ça + être〉の構文でも、現在形の c'est や半過去の c'était は、それだけでは不完全な文です。それに対して、複合過去の ça a été はこれだけで十全の文として機能するという特性をもっているわけです。それはどこから来るのでしょうか。

aller の半過去を使う質問と“Ça a été ?”の違い

　ウエイターは、食事をしている最中の客に、aller の現在形を使って“Ça va ?”や“Tout va bien ?”のように声をかけることがあります。メインディッシュを食べ終わったタイミングでは、“Ça a été ?”のほかに、aller の半過去を使って 6) のようにたずねることもありえます。

6) Ça *allait* ? / Tout *allait* bien ?

　2 章 4 課（p.50）で見たように、話し手が半過去を使うのは、過去スペースのコト（事態）を表すときです。そして、過去スペースは、話し手のいる現在スペースとは断絶しています。そのため、6) は、「（メインディッシュを食べていたつい今しがたの場面で）ものごとは順調に運んでいた？」と聞くことになります。現状には触れていません。それでも、6) の内容を対話場面の状況に関連づけることは無理なくできるので、客はウエイターが満足感を確かめようとして質問していると解釈することができます。

　“Ça a été ?”の場合は、はるかに明快です。複合過去は現在スペースにおいて完了段階に達している行為を表すので、半過去の 6) とは表現効果がかなり違います。ウエイターが口にする 1) は、現在スペースについての質問であり、客がいま満足していることを確かめようとしていることがはっきり伝わります。

aller の複合過去が使えることがある

　それでは、1) の場面で aller の複合過去を使って“C'est allé ?”のように聞くことができるかというと、それは無理です。この章の 1 課で見たように、調子の表現として aller の複合過去を使うことには、かなりの制約があるのです。移動の用法を完全にブロックするだけの対話場面・文脈の強力な支えがある場合にだけ、使うことができるのです。1) の場面では、comme vous vouliez「希望のとおりに」のような補語を aller に添えて 7) のように言うなら、調子の表現として通るようになります。

7) C'est allé comme vous vouliez ?

aller の複合過去と être の複合過去は等価？

　周知のように、くだけた話しかたの場合には、aller の複合過去を使いそうな場面で être の複合過去を使うことが珍しくありません。たとえば，「～に行ったことがある［ない］」のように経験を話すとき、8) だけでなく、9) のようにも言います。

8) Elle n'*est* jamais *allée* au musée du quai Branly.

9) Elle n'*a* jamais *été* au musée du quai Branly.

　また、過去の出来事を表す場面でも、10) だけでなく、11) のようにも言います。

10) Elle *est allée* à Lisbonne le mois dernier.

11) Elle *a été* à Lisbonne le mois dernier.

　8), 10) で aller が移動を表すのは基本の働きどおりですが、9), 11) の être が問題です。être については、〈être ＋場所の補語〉の構文で「所在」が表せることがよく知られています。そして、être の複合過去は「ある場所にいる」というコトが起こったこと、つまり、ある場所にいるようになったことが表せます。したがって、9), 11) のような発話は、aller の複合過去と同じように、ある場所に移ったこと、つまり「ある場所に至る移動」が表せることになります。

　くだけた話しかたの場合には、「～しに行った」のように移動目的を示す場面で、être の複合過去の 12) のように表すことがあります。

12) On *a été* dîner au Royal Maroc, une maison très distinguée.

　　　ロワイヤル・マロックというとても良い店に夕食に行きました。

これは、9), 11) の「所在」の用法の延長線上のものと説明することができます。

　このように、くだけた話しかたの場合には、être の複合過去は aller の複合過去に相当する働きをするのです。調子の表現として c'est allé が容認されない場合に、話し手が ça a été を用いるのはごく自然なことと言えるでしょう。

3課　今の話を "Je voulais..." で？
— 欲求を伝える発話と半過去

　オフィスでレアが仕事に没頭していると、同僚がやってきて遠慮がちに
1) のように声をかけます。

1) Léa, je *voulais* utiliser ton imprimante.

　　レア、プリンターを使わせてもらいたいんだけど。

　「使わせてもらいたい」のは明らかに今の欲求なのに、同僚は vouloir
の半過去を使っています。これは、「語調緩和の半過去」と呼ばれる用法
です。文法書には「現在の欲求を半過去で表わすと語調が緩和される」と
いうような説明がありますが、何のことかはっきりしません。そこで、欲
求の語調緩和というのはどういうことか、1) のように半過去によって語
調を緩和するのはどういうしくみかについて考えることにしましょう。

行動を促がす vouloir の疑問文

　まず、vouloir の使いかたを、依頼の発話に即して見ておきましょう。
あなたが、ルーヴル美術館主催の講座に興味をいだいて、申し込み用紙を
書こうとしているとします。だれかに手伝ってもらおうとする場合、当
然、聞き手との関係によって頼みかたは変わります。ごく親しい相手な
ら、2) のような命令文の発話で大丈夫でしょう。

2) *Aide*-moi à remplir ce formulaire !

　　この用紙に記入するのを手伝って！

　行動を指示する言いかたの 2) では強引すぎるような気がするなら、3),
4) のような言いかたも考えられます。

3) Tu *peux* m'aider à remplir ce formulaire ?

4) Tu *veux* m'aider à remplir ce formulaire ?

　3) は、pouvoir を使って可能性をたずねる疑問文です。このような依頼

を受けた聞き手は、「（手伝ってあげたいのだけれど）不可能な状況だ」という断りかたができます。断る場合にそれほど心理的負担のない頼みかたで、それだけ聞き手を尊重していることになります。実際、pouvoir は、友人・知人相手の依頼の場面でもっともよく使う動詞です（pouvoir の基本の働きはこの章の 7 課で扱います）。

　4）は、vouloir を使う質問です。疑問文だから、いちおう否定の答えも想定内ということで、断る余地のある依頼です。その意味では、命令文の場合よりは聞き手を立てる姿勢です。しかし、聞き手にしてみれば、pouvoir の 3）ほどは断りやすくありません。というのも、vouloir は「欲求がある、行動の意欲がある」を表す動詞なので、4）に対して否定的に答えるのは、手伝う気持ちがないことの表明になりかねないからです。

行動してもらうための間接的な表現法

　オフィスで声をかけるときに同僚がレアに望んでいるのは、「自分にプリンターを使わせる」行為をしてくれることです。それをそのまま命令文で表せば 5）のようになります。

5）Léa, *laisse*-moi utiliser ton imprimante !

　　レア、プリンターを使わせて！

これは、行動を指示することになるので、適切でないかもしれません。

　依頼の場面で、話し手は、あるコト（事態）が必要だという言いかたをすることがあります。聞き手がそのコトの必要性を認めて実現のために行動してくれるだろうと、聞き手の意思・好意に期待する話しかたです。

6）Léa, *il faut* que j'utilise ton imprimante.

　　レア、プリンターを使わせてもらう必要があるんだ。

これは、間接的な依頼の表現法ではあるけれど、il faut が「必要」を表すために、迫る感じがあります。半過去の 6'）なら、それが緩和されます。

6'）Léa, *il fallait* que j'utilise ton imprimante.

　　レア、プリンターを使わせてもらう必要があるんだけれど。

依頼の場面で多いのは、欲求を表すことです。そうしておいて、欲求を叶えるために行動してくれるだろうと聞き手の意思・好意に期待するわけです。依頼（聞き手に望む行為）をそのまま言うのではなく、欲求を言うことによって聞き手の行動につながるようにする間接的な表現法です。vouloir の現在形を使うなら、1')のようになります。

1') Léa, je *veux* utiliser ton imprimante.

> レア、プリンターを使いたいんだ。

これは間接的な依頼ではあるけれど、vouloir が意欲を表すために、現在形の je veux にはどぎつい感じがともないます。命令文の5)より聞き手に配慮しているとは言えません。それに対して、半過去の je voulais を使う1)は、控えめで穏やかな感じがします。

意欲・願望の動詞の半過去

　「語調緩和の半過去」は意欲・願望の動詞（句）によく見られます。avoir envie, chercher, souhaiter, vouloir などが主なものです。もっとも使用頻度が高いのは vouloir で、〈vouloir ＋原形〉の組合せがほとんどです。7)の話し手は、同僚の姿を見かけて声をかけています。8)は、上司に対する依頼です。

7) Louis-Alban, je *voulais* te demander quelque chose.

> ルイ・アルバン、頼みたいことがあるんだけど。

8) Monsieur le directeur, je *voulais* vous parler un moment...

> 部長、少しお話ししたいのですが。

　〈vouloir ＋名詞グループ〉の組合せも用います。9)は、観光客が観光案内所のカウンターで職員に向かって欲しいものを言っています。

9) Bonjour, je *voulais* un plan de la ville.

> こんにちは、町の地図が欲しいのですが。

　vouloir に〈que 主語＋接続法〉をつづける組合せも珍しくありません。10)の話し手は、時計店で店員に頼んでいます。

10）Je *voulais* que vous me montriez cette montre.

その時計を見せてもらいたいのですが。

こんどは、chercher の半過去を使う語調緩和の発話を見ましょう。11）の話し手は、知人の家を訪れようとしていて道が分からないので、通りかかった人に声をかけています。

11）Pardon, monsieur, je *cherchais* la rue Dareau.

すみませんが、ダロー通りを探しているんですが。

12）は、書店で店員に "Puis-je vous aider ?"「なにかお探しですか？」と声をかけられた客のことばです。

12）Je *cherchais* le dernier Anna Gavalda.

アンナ・ガヴァルダの最新作を探しているんですが。

意欲・願望の動詞の「語調緩和の半過去」

これまで見てきた vouloir と chercher の半過去の発話は、どれも「語調緩和の半過去」の例です。それらには、共通点が少なくとも二つあります。

一つは、欲求の表現が依頼につながっていることです。話し手は、聞き手になにかしてもらおうとしています。たとえば、12）を言うことは、店員に本を見つけてくれるよう頼むことにほかなりません。言い換えると、それら発話が表すコトは、聞き手が「なんらかの行動を求められている」と感じて心理的負担になるおそれのあるコト、つまり聞き手にとって「脅威」となるおそれのあるコトです。

もう一つは、話し手の欲求が現在スペースの欲求であることは対話現場の状況から明らかですが、じつは発話時点より前からのことでもある、つまり、過去スペースの欲求でもあるということです。

聞き手が「脅威」と受け取りかねないコトを現在形で表すと、聞き手にそれをつきつける感じになります。過去スペースの欲求なら、距離があるので「脅威」の感じが和らぎます。「語調緩和の半過去」は、過去スペースの欲求を表すにとどめて、聞き手のストレスを避ける用法なのです。

4課　"Je venais..."は遠慮がち？
― 聞き手を脅かさないための半過去

　　友だちのマンションに仲間が集まって夜中まで賑やかに楽しんでいると
しましょう。そこに、下の階の住人がやってきて 1) のように言います。

1) Je *venais* vous demander si vous pourriez faire moins de bruit.
　　　　もっと静かにしていただくようお願いに来ているんですが。

　　明らかにいま「お願いに来ている」のに、話し手は半過去を使っていま
す。控えめで穏やかな話しかたになっていて、「語調緩和の半過去」の一
例です。前の 3 課で見た意欲・願望の動詞だけでなく、venir のような移
動の動詞の場合にも、半過去を使って語調緩和の効果を挙げることがある
わけです。どういうしくみか見ていくことにしましょう。

移動の動詞の半過去

　　「語調緩和の半過去」が見られる移動の動詞は、passer, venir などで
す。その中でとくに使用頻度が高いのは venir で、〈venir ＋原形〉または
〈venir ＋ pour 原形〉の組合せがほとんどです。

　　2) の話し手は画家の卵で、画廊の主人に "Vous venez me montrer vos
peintures ?"「私に絵を見せに来たのですね？」と聞かれて、そうではな
いと答えています。

2) Ah, non, je *venais* juste pour regarder.
　　　　いえ、ただ見に来ただけです。

画廊の主人が現在形で質問しているので、"Ah, non, je *viens* ..." と現在形
で答えても問題ないはずの場面ですが、話し手は半過去を使っています。
控えめに振舞おうとする態度であることがうかがえます。

　　〈venir ＋ pour 名詞グループ〉の組合せも用います。3) は、マンショ
ンの広告を見た人が不動産屋にやって来て、社員に声をかけています。

3) Bonjour ! Je *venais* pour l'appartement du 34, rue Dareau.

ダロー通り 34 番地のマンションのことで来ているのですが。

「来る」行為は明らかにいま展開中なのに、話し手は半過去を使っていま
す。現在形で言うより、遠慮深い話しかたになっています。

　こんどは、passer の半過去を使う発話です。4) の話し手は、近所に来
たついでに友だちの家に立ち寄って声をかけています。

4) Bonjour ! Je ne te dérange pas ? Je *passais* prendre de tes nouvelles.

こんにちは！ 迷惑じゃない？ 様子を見に立ち寄ったんだけど。

「立ち寄る」行為はいま展開中なのに、半過去で表しています。文脈からも
分かるように、話し手は、急にやってきて迷惑ではないかと気にしていま
す。この気持ちが半過去の使用につながっています。

　1)〜 4) で話し手が言及している移動が、すべて聞き手の領域に入り込
む行為であることは重要な点です。

電話で踏み込む

　電話をかける行為を表す動詞は、appeler, rappeler, téléphoner です。5)
の話し手は猫好きで、伝えたいことがあって知人に電話しています。

5) Je ne vous dérange pas ? Je vous *téléphonais* au sujet de votre chat.

今いいですか？ お宅の猫のことで電話しているのですが。

　6) は、微妙な関係の二人のやりとりです。

6) Nicolas : Bonjour, c'est Nicolas.

　　Cécilia : Bonjour.

　　Nicolas : Je t'*appelais* pour savoir si tu voulais qu'on se voie.

会う気持ちがあるかどうか知りたくて電話してるんだけど。

　電話をかける行為も、聞き手の領域に入り込むことと見なせます。5)
と 6) の場面で話し手が半過去の発話を口にするのは、聞き手が電話に出
たとたんではありません。ことばをひとことふたこと交わした後であるこ
とに注意してください。

客体移動の動詞の半過去

これまでに見た passer と venir の発話では、人が移動する「主体移動」が問題でした。appeler, téléphoner もその一種と見なせます。じつは、「語調緩和の半過去」は、人や物をある場所にもたらす行為、つまり「客体移動」を表す動詞 amener, apporter にも認められます。

7) の話し手は、レアの同僚で、仕事に没頭しているレアのところにやってきて声をかけています。

7) Léa, je t'*apportais* du café.

レア、コーヒーをもってきてるんだけど。

8) の話し手は、久しぶりに実家に帰った娘で、ボーイフレンドを母親に紹介しています。

8) Maman ! Je t'*amenais* un cuisinier au cas où tu manquerais de main...

お母さん！ 手伝ってくれるコックさんを連れてきてるんだけど。

7) も 8) も、話し手が物または人をもたらしているのは今のことなのに、半過去を使っています。どちらの場面でも、聞き手の領域に持ち込むことが迷惑かもしれないと考える話し手の姿勢が重要です。

移動の動詞の「語調緩和の半過去」

移動に言及する 1) ~ 8) についても、前の 3 課の欲求に言及する発話について述べたことがあてはまります。1) ~ 8) のコト（事態）は、聞き手が「自分の領域に踏み込まれる」と捉えて「脅威」を感じるおそれのあるコトです。また、話し手による「相手の領域の侵犯」の移動が現在スペースのコトであることは対話現場の状況から明らかですが、じつは前から始まっていて、過去スペースにも同じコトがあります。

「脅威」を現在形で表すのは、聞き手にそれをつきつけることです。過去スペースのコトなら、距離がある分だけ「脅威」が緩和されます。「語調緩和の半過去」は、過去スペースのコトの方を表すにとどめることによって、聞き手が「脅威」を感じるのを避ける用法ということになります。

自分の領域から聞き手を排除しない

じつは、ほかにも「語調緩和の半過去」と見なせるものがあります。たとえば、9) です。家にやってきた友だちに "Qu'est-ce que tu fais ?"「何してるの？」と聞かれて、答えています。

9) Je *jouais* avec les enfants.　子どもと遊んでいたんだけど。

「子どもと遊んでいる」という状態は変わっていないのですが、現在形で表せば、友だちは「だから、帰ってくれ」と言われている（つまり、話し手の領域から排除される）と受け取ります。半過去の9)なら、友だちが来る前の過去スペースにおけるコトに言及するだけなので、今どちらであるかは友だちしだいという姿勢が伝わります。

「語調緩和の半過去」もふつうの半過去

これまでに、聞き手にとっての「脅威」が三種類あることを見ました。

　　Ａ．心理的負担：聞き手が「行動を求められている」と感じる。

　　Ｂ．相手の領域の侵犯：聞き手が「領域に踏み込まれる」と感じる。

　　Ｃ．自分の領域からの排除：聞き手が「追い払われる」と感じる。

話し手は半過去を使うので、聞き手は、当然、過去スペースのコトとして受けとめて、現在スペースのコトとしては受けとめません。そのため、「脅威」をなまなましく感じることはありません。聞き手は、（半過去は現在スペースにおけるコトの生起について中立だから）現在スペースにおいてコトが「ある」か「ない」かについて、選択権を与えられていると理解し、それだけ尊重されていると感じます。

実際には、「脅威」となるコトが現在スペースにもあることは対話場面から分かっています。それなのに、話し手が半過去を使うことで現在スペースのコトに言及しないでいることに「遠慮」または「奥ゆかしさ」を感じます。このようなことから、聞き手がそれだけ快く対応してくれることを、話し手としては期待できることになります。「語調緩和の半過去」とはこういうものであり、半過去は本来の働きをしているだけです。

5課 「代名動詞」という動詞はない？
― 〈se＋動詞〉のはたらき

 1）, 2）のコト（事態）は、自動詞 approcher「近づく」で表すのがふつうで、他動詞 approcher「近づける」に se を添える表現は不自然です。

 1) Les vacances *approchent*. [×*s'approchent*.]

   休暇が近づいている。

 2) Léa *approche* [×*s'approche*] de la trentaine.

   レアは三十歳に近づいている。

 ところが、3）の場合には、〈se＋他動詞〉が自然です。

 3) Léa ×*approche* [ok*s'approche*] de lui pour l'embrasser.

   レアはキスするために彼に近づいていく。

 3）のコトは、1）, 2）のコトと何が違うのでしょうか。どのような要因によって、話し手は動詞に se を添える気になるのでしょうか。

コトにかかわる度合いの強さ

 1）の場合、「近づく」行為の主体である「休暇」は無生物だから、コトの生起について意欲があるかどうかというようなことは問題になりません。2）の行為主体である「レア」は意思のある人間ですが、「三十歳に近づく」ということは自然現象であって、レアがコトの生起に積極的にかかわっているかどうかを考えるのは無意味です。

 それに対して、3）の場面では、「レア」は明らかに自分の意志で行動しています。「彼」に近づこうとして近づいています。コトの生起に積極的に、意欲をもって関与しています。1）, 2）に比べて、コトに対する「主体の関与」の度合に「意欲」というプラスアルファがあります。これは、図1のように示すことができるでしょう。

【図 1】

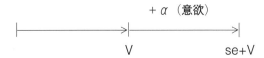

$+\alpha$ （意欲）

V　　　　　　se+V

　横軸は、コトに対する主体の関与の度合いです。1）,2）の場合の関与の度合いを示すのが中央の縦線です。それより右側は、3）の場合のように、プラスアルファがあることを示します。それを聞き手に伝えるために、話し手は se を動詞（V）に添えるのです。

主語と同じものをさす代名詞を動詞に添える

　「代名動詞」という項目は、どの文法書にもあります。確かに、s'absenter, s'écrier, s'efforcer, s'évanouir, se méfier, se moquer, se souvenir など〈se + 動詞〉の形でのみ使う約 60 の動詞は、「（本質的）代名動詞」と呼んでもいいでしょう。しかし、それ以外のものは、ふつうの動詞に臨時に se を添えているだけで、「代名動詞」と呼ぶ必要はありません。se を添えて使うのは特定の動詞にかぎらず、他動詞ならすべてその可能性があります。自動詞でも、驚くほど多くのものを〈se +動詞〉の組合せで使います。

　4）は、顔を合わせたくない人が向こうから歩いてきたのに気づいたシドニーの行動です。他動詞 cacher「隠す」に se を添えています。

4）Sidonie s'*est cachée* derrière un marronnier.

　　　シドニーはマロニエの木の後ろに隠れた。

se は、「自分自身」をさす直接目的語です。シドニーは、「隠す」行為の主体ですが、それだけでなく、行為の対象としてもコトに参画しています。コトに二重に関与していることになります。4）の内容を図1で示すなら、横軸の右の部分は「＋α（対象）」となります。（行為の対象が自分ではなく別の女性であれば、代名詞 la を使って、"Sidonie *l*'a cachée derrière un marronnier."「その女性を隠した」のように表します）

一般に、〈se ＋動詞〉の組合せの場合、行為は se がさすものに影響を与えます。se がさすものは行為主体と同じなので、行為が完了段階に達すると、行為主体の状態が変わります。たとえば、4) の場合、シドニーは道を歩いている状態だったのが「隠れている状態」になっています。このように「主体の状態」が問題になるために、〈se ＋動詞〉の動詞の複合形は〈être ＋過去分詞〉です。2 章 2 課（p.44）で、移動・変化の動詞の場合に複合過去を作る助動詞として être を使うことを見ましたが、それと同じしくみです。

〈主語＋ se ＋動詞＋直接目的語〉

　「エリーズはブティックめぐりをして、ブラウスを買った」は、5) だけでなく、6) のようにも言います。もちろん、伝わる内容には、かなりの違いがあります。

5) Elise a fait les boutiques et *a acheté* des chemisiers.

6) Elise a fait les boutiques et s'*est acheté* des chemisiers.

se を添える 6) では、「自分自身のために」ということも表しています。つまり、エリーズが買う主体としてだけでなく、受益者としてもかかわっていることが聞き手に伝わります。自分自身に車をプレゼントするコトを表す 7) についても、同じようなことが言えます。

7) Isabelle s'*est offert* une nouvelle voiture.

　　　　イザベルは、（自分用に）車を奮発した。

　8) は、社長を大事に思うあまり、害になりそうな人を寄せ付けないようにしている秘書の話です。

8) La secrétaire se *garde* jalousement son patron pour elle seule.

　　　　秘書は、社長を自分だけのために大事に抱え込んでいる。

これも 6), 7) と同じ構文で、「自分自身のために」を表すために se を言い添えています。秘書が抱え込む主体としてだけでなく、受益者としてもコトにかかわっていることが聞き手に伝わります。

　6)〜8) の主語が表す行為の主体は、受益者としてもコトにかかわってい

ます。図1のように図示するなら、横軸の右の部分は「＋α（受益者）」と
なるところです。

〈主語＋ se ＋動詞＋直接目的語〉 を使いこなす

　フランスでは、日本のマンガがかなり浸透していますが、小説も盛ん
に翻訳されています。原文とフランス語訳を比べると分かることですが、
「〜と思う」「〜と考える」という日本語は、croire や penser を使って訳
すとはかぎりません。意外かもしれませんが、dire に se を添える訳しか
たもよくなされています。

9) **Elle était désespérée. Elle s'*est dit* que sa vie était finie.**

　　　彼女は絶望していた。自分の人生は終わっていると考えた。

10) **Je me *dis* que le mieux est de rompre carrément.**

　　　いちばん良いのは、きっぱり別れることだと思います。

頭に浮かんだコトを、自分に向けて発信するという表現です。ぱっと浮か
んだ考え、これしかない考えという感じがします。

　11) は、proposer「提案する」に se を添えています。

11) **Elle se *proposait* de traduire ce poème en français.**

　　　彼女は、その詩をフランス語に翻訳するつもりでいた。

彼女は、翻訳しようという提案の主体と相手とを兼ねています。

　12) は、jurer「誓う」に se を添えています。

12) **Je m'*étais* pourtant *juré* de ne pas boire ce soir.**

　　　今晩は飲まないと自分に誓っていたのだけれど。

大過去を使っていることにも注意してください。話し手は、飲んだという
過去の出来事を踏まえて、過去スペースにおける「飲まないつもりでいた」
というコトを表しています。

　9)~12) の場合、行為主体は「伝達、提案、誓約」といった行為の相手
としてもコトにかかわっています。図1のように図示するなら、横軸の
右の部分は「＋α（相手)」となるところです。

6課 "Elle s'est mangé six pizzas !" とは？
—「想像」と「快楽」の〈se +動詞〉

1) と 2) は、〈主語＋動詞＋直接目的語〉の構文です。

1) Ces acteurs *figurent* chacun un personnage historique.

この役者たちは、各人が歴史上の人物を表している。

2) Elle *représente* l'avenir de l'enseignement des langues étrangères.

彼女は、外国語教育の将来を体現している。

動詞 figurer, représenter が表すのは、それぞれ、「形 figure を与える、表す」行為と「現存状態 présent にする、体現する、表す」行為です。

この figurer と représenter に se を添えているのが 3), 4) です。

3) Ces acteurs se *figurent* chacun un personnage historique.

この役者たちは、各人が歴史上の人物を思い描いている。

4) Elle se *représente* l'avenir de l'enseignement des langues étrangères.

彼女は、外国語教育の将来を思い浮かべる。

1), 2) の場合、「人物」または「将来」を表すのは、行為主体の外においてでした。これに対して、3), 4) でそれを表すのは、行為主体の頭の中においてです。話し手は、なんらかのプラスアルファを認めていて、それが 3), 4) で se を添えることにつながっているはずですが、どのような意味でプラスアルファなのでしょうか。

なにかを外界で捉えるか、頭の中で捉えるか

「彼女は、グループの真ん中に夫を見かけた」は、apercevoir「目で捉える、見かける」を使って 5)a のように表すことができますが、se を添える 5)b は容認されません。

5) a. Elle *a aperçu* son mari au milieu du groupe.

　　b.×Elle s'*est aperçue* de son mari au milieu du groupe.

　一方、「夫がいることに気づいた」は、se を添えて、6）または 7）のように表します。5）b は、この場合にも適合しません。

6）Elle s'*est aperçue* de la présence de son mari au milieu du groupe.

7）Elle s'*est aperçue* que son mari était au milieu du groupe.

　5）a の「夫を見かけた」の場合、「目で捉える」知覚行為の対象である「夫（の姿）」は、行為主体の外にあります。目で外界のなにかをキャッチしているわけです。これに対して、6），7）の、「夫がいること」を「気づく、頭で捉える」行為をするのは、当然、行為主体の内面においてです。5）b が容認されないのは、son mari では「夫がいる」というコトは表せず、「夫（の姿）」を表すにとどまるからです。

　このように見てくると、3），4）でも 6），7）でも、「表す」行為または「捉える」行為の主体は、同時にその行為の「場」になっていることが分かります。二つ目の役割も演じているわけで、1），2）や 5）a に比べて、コトに関与する度合いにプラスアルファがあることになります。次のように図示することができるでしょう。

【図1】

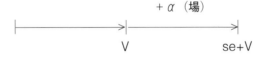

　これまでの話から、8）と 9）の違いは分かりますね。

8）Elle *a aperçu* quelque chose.　　彼女はなにかを見かけた。

9）Elle s'*est aperçue* de quelque chose.　　彼女はなにかに気づいた。

　quelque chose が何を表すかに注目しましょう。8）では目で捉える対象だから、「なにか」は物体です。それに対して、9）では頭の中で捉える対象だから、「なにか」はコトです。9）は内面で捉えるのだから、「彼女」は行為主体であると同時に行為がなされる「場」でもあります。

「思い描く、思い浮かべる」を表す〈se＋動詞〉

この課のはじめに、「思い描く、思い浮かべる」を figurer, représenter に se を添えて表す発話例を見ました。figurer の場合は、対象がコトであれば、〈que 主語＋直説法〉で表します。ふつうなら考えられないような内容のコトをあえて思い描くことを表します。

10) **Elle se *figure* que dans quinze jours elle sera sur pied.**

彼女は、２週間後に治っている状態を思い描いている。

ありそうにない状態を「彼女」が想定していることが伝わります。

11) ***Figurez*-vous que ma femme était au courant de tout.**

なんと妻はすべて知っていたんです。

意外なこと驚くべきことを思い描くよう、聞き手に求めています。

imaginer に se を添えて「思い込み」を表す

imaginer は、「頭の中でイメージ image する、思い描く、想像する」行為を表す動詞です。12), 13) の a と b を見比べてください。

12) a. **Ces étudiants *imaginent* un avenir radieux.**

b. **Ces étudiants s'*imaginent* un avenir radieux.**

13) a. **Elle *imagine* que tous ces garçons sont amoureux d'elle.**

b. **Elle s'*imagine* que tous ces garçons sont amoureux d'elle.**

「思い描く」対象は、12)a, b では「輝かしい将来」で、13)a, b では「その男の子たち全員が彼女に恋している」というコトです。話し手は、a の場合、行為主体がなにかを思い描いていることを伝えています。ところが、se を添える b からは、行為主体の空想または妄想であることが伝わります。行為主体が、思い描く行為に強く打ちこんで、自分の主観世界の奥深いところで勝手な空想・妄想にふけっているという感じなのです。

a でも b でも、「思い描く」行為は頭の中でする行為であり、その点は変わりません。しかし、a に比べて、b ではコトに関与する度合いにプラスアルファがあります。それを se で示しているのです。

「快楽」と〈se ＋動詞〉

　一人の女性が自動販売機の前であれこれ迷っている場面を想像してください。14) のように表すことができます。

14) Elle se *choisit* une boisson.

　　　彼女は（自分のために）飲み物を選んでいる。

これは、〈主語＋ se ＋動詞＋直接目的語〉の構文で、行為主体が受益者としてもコトに関与していることを se で示しています。

　15), 16) は、これとは少し違います。

15) Après le travail, on se *prend* un verre au comptoir.

　　　仕事の後、カウンターで一杯やるんだ。

16) M. Yokoyama s'*est mangé* six pizzas !

　　　横山先生は、ピザを6枚食べたんだよ！

　じつは、15), 16) には、se を添えない発話にはない「快楽にふける」という感じがあります。その感じは、行為主体が飲食にしっかり打ち込んでいるというプラスアルファがあることに由来します。これは、図2のように示すことができます。

【図2】

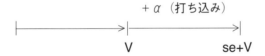

　リラックスした話しかたの場面では、「快楽にふける」という感じをともなう飲食やセックスの行為を、taper「たたく、打つ」に se を添える〈se ＋ taper ＋ X〉（X は、飲食物や人を表す名詞グループ）の組合せで表すことがあります。こうして見てくると、あらゆる〈se ＋動詞〉の背景に同じ図式があることが分かります。

7課 「そうかも」は"Ça se peut."で表せる？
— pouvoir のはたらき

　ある青年がおばあちゃんに"Tu es amoureux d'elle ?"「あの子が好きなの？」と聞かれて 1) のように答えます。

　1) Ça se *pourrait*.　そうかもしれない。

　話し手は、「あの子が好き」というコト（事態）について、「可能性がある、ありうる」というモダリティ（コトのありかた）を言い添えています。〈se + pouvoir〉で、断定を避けています。pouvoir にはこのほかにもいろいろな用法がありますが、すべてに共通の「基本の働き」があるはずです。

主要な四つの用法

　まず、おもな用法をざっと見ておきましょう。

【用法1】：ある主体について「行為をすることが可能である」を〈主語＋pouvoir ＋原形〉で表す。

　2) Clarisse *peut* faire ça en une demi-heure.

　　　クラリスは、それを 30 分ですることができる。

【用法2】：「ある主体がある行為をする」というコトについて「可能性がある」を〈主語＋ pouvoir ＋原形〉で表す。

　3) Clarisse *peut* venir demain.

　　　クラリスが明日来る可能性がある。

【用法3】：あるコトについて「可能性がある」を〈ça + se + pouvoir〉で表す。

　　1) は、この用法の例です。

【用法4】：あるコトについて「可能性がある」を〈il + se + pouvoir［que 主体＋接続法］〉で表す。

　4) Il se *peut* que Clarisse vienne demain.

　　　クラリスが明日来るかもしれない。

pouvoir の基本的な働き

　文法書の多くは、「行為をすることが可能である」を表す用法 1 を根源的な働きと見なしてきました。この仮説の場合、用法 2 は、「行為が可能」なら「主体が行為をする」というコトは「可能性がある」という論法で説明できます。しかし、用法 3・用法 4 は、うまく説明できません。そこで、用法 2 を基本の働きと見なすことにすると、用法 1 は説明できても、やはり用法 3・用法 4 がうまく説明できません。だからといって，pouvoir に se を添える用法 3・用法 4 を基本と見ることには無理があります。

　そこで、四つの用法がすべて説明できる基本的な働きを考えると、次のようなことになります。

5） pouvoir は「（X が行為・コトを）可能性があるようにしている」を表す。

　　ただし、X が何であるかは場合によってさまざまである。

　この仮説で、四つの用法を説明してみましょう。

用法 1 ：主体＝ pouvoir ［行為］

　用法 1 では行為主体がテーマだから、5）に即して、「（X によって）主体が行為をすることが可能である」を pouvoir が表すと考えることができます。X は、主体に内在する要因（能力・適性など）のこともあれば外的な要因（物理的条件・事情・許可など）のこともあります。

　6）は、X が内在要因であることが文脈から分かる発話です。

6） Complètement remise de sa maladie, elle *peut* partir en week-end.

　　　病気から完全に回復したので、彼女は週末旅行に出かけられる。

X が内在要因であるときは自然に X と主体を同一視することになると考えれば、6）では X を表す語句を主語にしていることになります。

　X が外的要因の場合は、X と主体を同一視することは無理なので、X を表す語句を主語にすることはありません。

7） La circulation est fluide ; on *pourra* arriver avant midi.

　　　交通は順調に流れている、昼前に着くことができるだろう。

用法２：pouvoir［主体＋行為］

　用法２では「ある主体がある行為をする」というコトが問題なので、5）に即して、「（X によって）コトが可能性がある」を pouvoir が表すと考えることになります。3）の"Clarisse peut venir demain."は、「クラリスが明日来ること」というコトについて「可能性がある」ことを pouvoir で表しているわけです。X は、「なんらかの事情」とでも言うほかない、漠然とした状況です。もう一つ例を見ましょう。

8）Elle *peut* en être responsable.

　　　彼女にそのことの責任があるかもしれない。

　あるコトについてモダリティを表すときは〈il est 形容詞 + que 節〉の構文を用いることが多いために、3), 8）のような行為主体を主語にする構文はぴんとこないかもしれません。しかし、コトについてモダリティを表すという形ではなく、「コトの主要要素である行為主体」である「クラリス」または「彼女」を話題にする形で「コトがありうる」ということを表す表現法だと見ることができます。

用法３：se pouvoir［ça］

　5）は、pouvoir の基本の働きを「（X が行為・コトを）可能性があるようにしている」を表すこととしています。1）の"Ça se pourrait."は「あの子が好き」というコトを ça でさして、「可能性がある」ことを pouvoir に se を添えて表しています。この場合、X は ça のさす「あの子が好き」というコトそのものです。そして、そのコトは、そなえている特性によって「自らを可能性があるようにしている」のです。「可能性があるようにする」主体であり対象でもあります。つまり、二重の役割を演じているわけで、通常の関与を超えるプラスアルファがあることになります。それが se を添えることにつながっています。

　用法３は、くだけた対話においてよく見られます。ça は、話し手が対話現場にいる自分たちをとりまく世界のなにかを捉えて、それをさすとき

に使う代名詞ですが、ça がどのコトをさすかは、文脈から聞き手に分かるのがふつうです。9), 10) はその例です。

9) Tu as dû l'oublier au café.　— Oui, ça se *peut*.

きっとそれはカフェに忘れたんだ。— うん、そうかもしれない。

10) Il paraît que Pierre est en vacances.　— Ça se *pourrait* bien.

ピエールは休暇だそうだ。— それは確かにありうるね。

　辞書や文法書などにはあまり書かれていないかもしれませんが、リラックスした話しかたの場面では、〈ça + se + pouvoir〉に〈que 主語＋接続法〉をつづける 11) のような発話をよく使います。

11) Ça se *pourrait* bien qu'elle soit toujours en vacances.

彼女が相変わらず休暇中ということはありうるね。

"Ça se pourrait bien" で話をやめないで、その後に〈que 節〉をつづけて ça の内容が何であるか聞き手に説明する表現法です。

用法 4：se pouvoir［il-〈que 主語＋接続法〉］

　この用法の場合、〈que 主語＋接続法〉が実質的な主語で、それが表すコトが問題です。5) の X はそのコトです。p.92 で見た 4) の "Il se peut que Clarisse vienne demain." なら、「クラリスが明日来ること」というコトは、「可能性があるようにする」主体であり対象でもあります。こうして、用法 3 の場合と同じように、「可能性があるようにする」というコトに二重に関与することになり、このプラスアルファが se を添えることにつながるのです。

　用法 3 とは対照的に、用法 4 はあらたまった話しかたの場面でよく使います（この問題は、6 章 2 課で扱います）。12), 13) はその例です。

12) Il se *peut* que l'enquête ait abouti.

調査がうまくいった可能性がある。

13) Il se *pourrait* que vous rencontriez un obstacle inattendu.

あなたがたは予期しない障害にぶつかるかもしれない。

映画はアンテナを張って

映画には、素晴らしいものがたくさん詰まっています。3章7課（p.92）の冒頭で"Ça se pourrait."という発話を見ました。ジャック・ドゥミ監督の《Les parapluies de Cherbourg》でギイがエリーズおばあちゃんに言うせりふです。

Guy ：Je sors ce soir. 今晩は出かけるんだ。

Elise：Seul？ ひとりで？

Guy ：Ça ne te regarde pas. おばあちゃんには関係ない。

Elise：Si, ça me regarde. いや、関係あるよ。

Guy ：Avec une jeune fille. 女の子と。

Elise：Que tu aimes？ 好きな？

Guy ：Ça se pourrait. そうかもしれない。

おばあちゃんは、ギイがなにか言うたびに補足を求めたり切り返したりしています。短いことばで生き生きとやりとりしている見本です。

次は、エリック・ロメール監督の《Conte de printemps》です。従姉妹の対話で、太字は「つなぎのことば」です。それぞれに個性があります。

Jeanne：Ça s'est passé comment ton stage？ 研修はどうだったの？

Gaëlle ：Très bien, je te remercie. **Enfin**, comme je pensais.（...）**En fait**, un peu mieux que je pensais. **Donc**, pour moi, c'est bon.
上出来だった、ありがとう。まあ、思ってたとおり。（…）じつは、思ってたより少しまし。だから、私としては合格。

enfin は、"Très bien"では過大評価だとして言いなおすために使っています。en fait は、"comme je pensais"ではやはり誤りなので実際はどうだったかを言おうとすることを示します。donc は、これから（強引に）結論を言うという合図です。どれも、話の流れを聞き手に示す大事な役割を演じています。映画を見るときは、アンテナを張って捉えてください。

4章
事態にともなう状況を表す

ものごとには複雑なものもあるので、ときには、複雑なこと
を言わざるをえない場合があります。たとえば、コト（事態）
だけでなく時期や原因・理由といった状況も問題になるよう
な場合です。聞き手の頭にすっと入るように伝えるには、内
容にしっくりくる表現形式を使う必要があります。

実際、状況はすべて〈原形〉で表せればいいのですが、コト
に対して自立している感じのときは、〈que 節〉を使います。
また、〈que 節〉では接続法を使えば簡単なのですが、コト
とは独立に時間の流れの中で生まれる状況は直説法で表さざ
るえません。

この章では、いろいろな状況について、伝えたい内容にぴっ
たりの表現形式とはどういうものかを見ていきます。そして、
状況を表すしくみ、感覚がどういうものか探ります。

1課　コトにともなう時間的状況とは？
― 関係辞 avant のはたらき

　当たり前のことですが、あらゆる出来事は、どこか（空間的状況）で、いつか（時間的状況）、なんらかの事情（観念的状況）で起こります。もちろん、だからといって、私たちは、なにかコト（事態）に言及するたびにその状況をかならず言い添えるわけではありません。聞き手に伝える気になった状況だけを口にします。

　時間の領域と観念（因果・論理）の領域の状況を表すには、どの関係辞（前置詞・接続詞）を使うか、関係辞の後に〈原形〉と〈que 節〉のどちらを使うかなど、微妙でおもしろい問題がいろいろあります。

　まず時間領域ですが、コトと状況 C のあいだの関係を表す関係辞でよく使うのは、次のようなものです。

【図1】

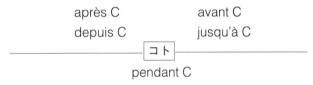

　図1では、ものごとの時間的順序として、三つを区別しています。

　　コトと C が同時：〈コト ＋ pendant C〉

　　コトより C が後：〈コト ＋ avant C, jusqu'à C〉

　　コトより C が前：〈コト ＋ après C, depuis C〉

　関係辞が導く C ですが、〈原形〉と〈que 節〉のどちらも使う場合と、どちらか一方だけを使う場合があります。たとえば、pendant の後では、1）のように直説法の〈que 節〉だけを使います。

1）**Je pensais à sa fille** ×*pendant* **lui parler** [ok*pendant* **que je lui parlais**].

　私は彼女の娘のことを考えていた、彼女に話しているあいだ。

観念領域は時間領域をなぞる

　こんどは、観念領域（因果・論理の領域）です。コトと状況 C のあいだの関係を表す関係辞でよく使うのは、図 2 に示すようなものです。

【図2】

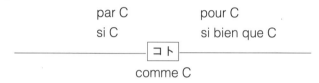

　図 2 では、因果関係のタイプとして、三つを区別しています。

　　コトと C が並立（類似）　　　：〈コト + comme C〉

　　コトより C が後（目的・結果）：〈コト + pour C, si bien que C〉

　　コトより C が前（原因・仮定）：〈コト + par C, si C〉

par は、〈par 名詞グループ〉または〈*par*ce que 主語＋直説法〉のように使います。si は、C という枠組みを設定するのに役立ちます。

　図 2 の配置は、図 1 の配置と同じです。これは、人間が観念領域を時間領域になぞらえて捉えていることを示唆しています。たとえば、類似を表す comme は、図 1 の pendant と同じ位置にあり、〈原形〉を導くことがない点で pendant と同じです。

2）**Kim agit** ×*comme* **avoir toujours agi en pareil cas** [ok*comme* **il a toujours agi en pareil cas**].

　　キムは行動する、これまでこういう場合に行動してきたように。

　pendant と comme の後に〈原形〉をつづけることがない理由は、次の 2 課の最後で考えることにします。

時間的に後の状況を表す avant C

　コトより後の状況 C を avant を使って表す場合を見ましょう。C の行為主体は、コトの行為主体と同じか異なるかのどちらかです。

　同じ場合は、たいてい、話し手は C を〈de 原形〉で表します。

3）Je lui téléphonerai tout à l'heure *avant* de faire la sieste.

　　　後でその人に電話するつもりだ、昼寝する前に。

　異なる場合は、〈de 原形〉では表せません。1 章 7 課（p.34）で述べたように C の行為主体を表示する〈que 主語＋（ne）接続法〉を使う必要があります。

4）Je lui téléphonerai tout à l'heure *avant* qu'elle ne fasse la sieste.

　　　後で彼女に電話するつもりだ、彼女が昼寝する前に。

話し手は、未来を展望して「彼女に電話する」というコトを思い描いています。そのコトの時点では、「彼女が昼寝する」という C はまだありません（だから、電話する）。したがって、話し手には、C をコトから独立した現実のこととして打ち出す理由がありません。現在スペースから展望する未来のコトとしてわざわざ直説法で表示する理由がありません。

　行為主体が同じ場合に話を戻しますが、C の表現は、じつは微妙です。3）の場面では、〈que 主語＋（ne）接続法〉の 3' は少し違和感があります。

3'）?Je lui téléphonerai tout à l'heure *avant* que je fasse la sieste.

なぜでしょうか。

「〜しに行く」は移動動詞と〈原形〉で

　「キムが空港に行く」というコトがあるとします。そのコトに「友だちを迎える」行為がともなう場合、行為の方は〈原形〉で表します。

5）a. Kim est allé chercher ses amis à l'aéroport.

　　b.×Kim est allé à l'aéroport（pour）qu'il cherche ses amis.

「迎えに行く」は、一つのまとまりです。「迎える」行為は「キムが空港に行く」コトに融合していて、切り離してイメージできません。コトに対する自立性がないので、わざわざ〈que 節〉で表す理由がありません。

100

コトに対して自立している C は〈que 節〉で

　3）には、コト（自分が電話すること）の後にすんなり C（昼寝すること）がつづくという流れがあります。話し手は、C をコトに連らなっていて自立性がないコトと捉えます。その場合、〈que 節〉の 3'）で表す理由がありません。それに対して、4）の C は、行為主体が異なるコトとは断絶していて、自立性があります。

　それでは、コトに対する C の自立性について、〈que 節〉が不自然な 6）と〈que 節〉で表すこともある 7）を比べてみましょう。

6）a. Je suis passé à la poste *avant* de venir au bureau.

　　b. ˣ**Je suis passé à la poste *avant* que je vienne au bureau.**

　　　郵便局に寄りました、会社に来る前に。

7）a. *Avant* d'oublier, je vous rends le livre.

　　b. *Avant* que je n'oublie, je vous rends le livre.

　　　忘れる前に、本をお返しします。

　6）の「郵便局に寄って会社に来る」には、コトの後に C がなめらかにつづく流れがあります。しかし、7）の C である「忘れる」ことは、「本をお返しする」というコトにつづくと捉えて 7）a で表すこともできますが、コトとは異質で次元が違うと捉えることもできます。その場合、C はコトとは断絶していて自立性があることになり、7）b のように〈que 節〉で表すのが自然です。

　このように見てくると、話し手が表現形式を選ぶしくみは、次のようになっていると言えます。

8）話し手は、状況 C を〈原形〉で表す。ただし、C をコトに対して自立性があるものとして伝えるときは〈que 節〉で表す。

　コトと C の行為主体が同じ場合でも、7）b のように、C に自立性があると捉えれば、コトに寄り添う〈原形〉ではなく、que で切れ目がはっきりする〈que 節〉がしっくりくると感じるのです。8）のしくみによって、話し手は、コトと C の微妙な関係を聞き手に伝えているわけです。

2課 「出かけるまで」は jusqu'à partir でない？
— 関係辞 avant と jusqu'à

　レアは、あるシンポジウムが開かれている会場に向かって急いでいます。パネリストの一人である友だちの発言が聞きたいからです。状況 C を、ne を含む〈que 主語＋ ne ＋接続法〉で表すことが考えられます。

1) **Je voudrais arriver *avant* qu'elle <u>ne</u> prenne la parole.**

　　　到着したいものだ、彼女が発言する前に。

　このときレアは、「彼女が発言する」という C を、「自分が到着する」というコト（事態）との前後関係で捉えているだけではありません。自分の到着時点で「彼女がまだ発言していなければいいのだけれど」という気持ちもあります。日本語では「彼女がまだ発言しないうちに（到着したい）」とも言いますね。レアの気持ちに含まれている否定の要素を、C の表現中の「虚辞の ne」が反映しています。ただし、この微妙な否定の要素に無頓着で、ne を使わない人も少なくありません。

食品に書いてある〈avant / jusqu'à ＋日付〉の意味

　フランス人は食べることが大好きだとよく言われますが、最近は健康志向で、食品の原産地や品質保証期間などにも敏感です。スーパーやコンビニの棚に並んでいる食品には、2) のような表示付きのものがあります。

2) **A consommer de préférence *avant* le 29/10/20xx.**

この表示は、「できるだけ、20xx 年 10 月 29 日以前に食べるといい」ということです。メーカーは、食べるのは日付より前であることが望ましい（それ以後は美味しくなくなる）と伝えています。

　ところが、乳製品やハム・ソーセージなど傷みやすい食品に付いているのは、3) のような注意書きです。2) との違いは分かりますか。

3) **A consommer *jusqu'au* 29/10/20xx.**

3）は、「20xx 年10月29日までは食べることができる」ということです。
メーカーは、食べても大丈夫な状態がつづくのは日付まで（それ以後は危
険）と伝えています。avant の2）にはない、警告の姿勢があります。いうま
でもなく、これは jusqu'à の働きと関係があります。

後行状況を表す avant C と jusqu'à C

　avant を使う2）で勧めているのは、動詞 consommer の表す「食べる」
行為をするのが状況 C（日付）より前であることです。これに内容が似て
いるのが、期限を伝える4）です。

4）Vous remettrez votre candidature *avant* la fin du mois.

　　　願書を提出してください、月末までに。

「願書を提出する」というコトは、「月末」という C より前でありさえすれ
ばいつ起こっても構いません。4）の C は、目印となる時点を表しているわ
けです。

　jusqu'à で C を導く場合は、コトは持続タイプでなければなりません。
5）を見ましょう。

5）Léa travaille au siège *jusqu'à* la fin du mois.

　　　レアは本社で働く、月末まで。

「レアが本社で働く」というコトは、「月末」という C が持続の限界（終了時
点）で、それ以後はありません。コトとは次元の異なる C を持ち出してき
て持続を断ち切るという感じです。

　もう少し複雑な C の例も見ておきましょう。

6）Je resterai avec toi *jusqu'à* ce que tu partes en vacances.

　　　私はあなたといっしょにいる、あなたが休暇に出かけるまで。

「私があなたといっしょにいる」というコトの持続は、「あなたが休暇に出
かける」という C の生起をもって断たれます。C は、コトと本来なんのか
かわりもない異質の出来事であり、コトの持続とは両立しません。コトと
は別個で、自立しています。

Ｃの行為主体がコトの行為主体と同じ場合には、どう表すのでしょうか。7)a のように〈原形〉を使うことはありません。7)b のように〈ce que 主語＋接続法〉を使って表します。

7) a. ×Je resterai avec toi *jusqu'à* partir en vacances.

b. Je resterai avec toi *jusqu'à* ce que je parte en vacances.

　　　　　私はあなたといっしょにいる、休暇に出かけるまで。

コトに対する Ｃ（自分が休暇に出かけること）の関係は 6)と同じです。Ｃの自立性が高いので、〈que 節〉で表すほかありません。この点で、前の 1 課で見た avant の場合とは違っています。

　p.102 で見たように、傷みやすい食品には 3)の "A consommer *jusqu'au* 29/10/20xx." という注意書きが付いています。「食べてよい状態だ、〜までは」というようにコトの持続を断ち切る Ｃ（日付）を jusqu'à を使って示しています。それによって、記された日付を境にして、以後は食べてよい状態がない、食べるのは危険という警告が伝わるしくみです。

〈jusqu'à ＋ ce que 主語＋直説法〉もありうる

　6)でも 7)b でも、話し手は、「私があなたといっしょにいる」というコトを思い描いていますが、「あなた［自分］が休暇に出かける」という状況 Ｃ は、コトの時点においてはまだ起こっていません。したがって、話し手には、Ｃ を現実のこととして打ち出す理由がなく、現実の時間の流れの中における時期を表示する直説法を使うにはいたりません。

　しかし、例外的に Ｃ を直説法で表すこともありえます。たとえば、「ある女性が夜中にピアノを弾きつづける」というコトがあるとします。それが持続して、「ついに近所の人が文句を言いにやって来る」という Ｃ が生まれたとします。その場合、「コトが持続した、そして、結局 Ｃ が起こった」というように、Ｃ をコトと同列に置いて、コトとは独立した、現実の時間の流れの中の出来事として伝えることもありえます。そのときは、8)のように直説法を使って表すことになります。

8）**Elle a continué à jouer... *jusqu'à* ce qu'enfin les voisins <u>sont venus</u> protester.**

こうして、話し手が状況 C の表現を選ぶしくみは、図1のようになっていることになります。C は〈原形〉で表すのですが、コトに対する自立性が高ければ〈que 節〉で、さらに時期を表示するなら直説法節です。

【図1】

> コト＝状況 　ならCは〈原形〉
> コト＋〈状況〉 ならCは〈que 主語＋接続法〉
> コト ＋ 状況 ならCは〈que 主語＋直説法〉

　前の1課（p.99）の1）の pendant が導く C は、コトを時間的に位置づけるものだから、コトとは独立に時期を表示する必要があります。また、2）の comme が導く C は、コトと比較対照するのだから、やはり独自に時期を表示する必要があります。これが、1）,2）で直説法を使う理由です。

程度を表す〈jusqu'à＋原形〉

　じつは、状況 C の行為主体がコトの行為主体と同じ場合に、〈原形〉を使うことがあります。ただし、jusqu'à が時間関係ではなく「程度」を表すときです。9）,10）を見てください。

9）**Elle s'est surmenée *jusqu'à* tomber malade.**

　　彼女は無理をした、病気になるまで。

10）**Il s'est enhardi *jusqu'à* s'adresser directement à elle.**

　　彼は大胆になった、彼女に直接ことばをかけるほどに。

コトが進んで至る到達点が、それぞれ「病気になる」「彼女に直接ことばをかける」という C です。C は、コトになめらかに連なっていて自立性がないので、〈que 節〉で表す理由がありません。

3課 目的だけでなく原因・理由も pour で？
— 関係辞 pour と si bien que

　空間領域の話になりますが、行き先を表すとき、pour をよく使います。たとえば、「リスボン行きの飛行機」は、avion *pour* Lisbonne のように言います。また、動詞 partir を使ってコト（事態）を表し、状況 C を言い添えるときには、1) のように表すことがあります。

1）Mes parents sont partis ce matin *pour* Lisbonne.

　　　両親は、今朝リスボンに向けて発った。

　1) の場面では、pour ではなく à を使う人もいます。けれども、partir で「今いるところを離れる」行為を表すつもりの人にとっては、pour が適切ということになります。確かに 1) には、向かう方向、めざす目的地という感じがあります。

　こんどは時間領域の話です。予定の期間を表すとき、〈pour 名詞グループ〉をよく使います。2) のやりとりは、1) のつづきです。

2）Ils sont partis *pour* combien de temps ？ — *Pour* huit jours.

　　　ご両親が発ったのは、どれぐらいの予定で？ — 1週間の予定で。

両親のリスボン旅行について、それが展開するのがこれからどれぐらいの期間にわたるかを展望しているという感じを、pour で伝えています。

コトより後の状況を表す pour C

　観念領域については、この章の 1 課の図 2（p.99）に示したように、コトより後の状況（目的）を表すために pour をよく使います。状況 C の行為主体は、コトの行為主体と同じか異なるかのどちらかです。

　同じ場合は、原則として、話し手は C を〈原形〉で表します（「原則として」と言うのは、p.108 の 7) について見るように、行為主体が同じでも C を〈que 節〉で表したくなるときがあるからです）。代表的な発話は、

3）のようなものです。

3）a.　J'achète des pommes *pour* me faire une tarte.

　　　b.×J'achète des pommes *pour* que je me fasse une tarte.

　　　私はリンゴを買います、（自分用に）タルトを作るために。

「私」は「タルトを作る」という C の実現をめざしています。それは、目的
地に向かって進んでいくイメージだから、pour がしっくりきます。「リン
ゴを買う」というコトから C になめらかにつながっていて、断絶がありま
せん。C はコトに対する自立性がない。そのため、わざわざ3）b のような
〈que 節〉で表す理由がありません。

　ここで、語順のことを少し考えてみましょう。

4）a. Alain apprend le japonais *pour* mieux apprécier les mangas.

　　　アランは日本語を勉強している、マンガをより楽しむために。

　　b. *Pour* mieux apprécier les mangas, Alain apprend le japonais.

　　　マンガをより楽しむために、アランは日本語を勉強している。

4）a では、まずコトを上昇イントネーションで言って聞き手に「何のため
に？」という疑問をいだかせ、それに後半で答えています。4）b では逆に、
C を言って「そのためにどうするか？」という疑問をいだかせ、後半で答え
ています。どちらの場合も、聞き手に伝えたい肝心のことは、発話の後半
です。「肝心なことは後半で」は、多くの発話にあてはまる原則です。

状況 C の自立性が高ければ〈que 主語＋接続法〉

　状況 C の行為主体がコトの行為主体と異なる場合は、話し手は、つね
に両者のあいだに断絶があると感じ、コトに対する C の自立性が高いと
捉えて、〈que 節〉で表します。

5）Elle l'a dit tout haut *pour* que tout le monde l'entende.

　　　彼女はそれを大声で言った、全員が聞こえるように。

6）J'achète des pommes *pour* que mon mari me fasse une tarte.

　　　私はリンゴを買う、夫にタルトを作ってもらうために。

3）について見たように、Cの行為主体がコトと同じ場合は、ふつうはCのコトに対する自立性が低いと捉えて〈原形〉で表します。ところが、7)のような場面では、Cをコトに対して自立していると捉えることもありえます。自立性が高いと捉えれば、7)bのように〈que 節〉で表すことになります。

7) a. *Pour* pouvoir me faire une tarte demain après-midi, je vais acheter des pommes chez l'épicier du coin.

　　b. *Pour* que, demain après-midi, je puisse me faire une tarte, je vais acheter des pommes chez l'épicier du coin.

　　明日の午後自分用にタルトを作ることができるように、近所の食料品店にリンゴを買いに行きます。

Cには、「別の時期（明日の午後）」という要素と「可能性の評価（作ることができる）」という要素があります。そのことを意識すれば、コトとは異質で断絶があると捉えることになるのです。また、Cを先に思い描いていることも、Cを自立したものと捉えることを容易にしています。

〈pour ＋原形の複合形〉で原因・理由を表す

　日本語の「〜のために」が目的と原因・理由のどちらにも使えるのは、不思議なことではありません。ある行為が状況Cを目ざすとき、Cはその行為をする動機（原因・理由）とも見なせるのです。だから、〈pour 原形〉で目的が表せるなら、〈pour 原形の複合形〉で原因・理由が表せても不思議ではありません。実際、8)のような発話にときどき出会います。

8) *Pour* avoir commis des indélicatesses, Pierre a dû quitter son travail.

　　不正を働いたために、ピエールは仕事を辞めざるをえなかった。

　「不正を働いた」というCのために、「不本意な退職」というコトが行為主体を襲います。この流れには、自分の意志でする行為を含むコトは適合しません。自分から退職したことを表す8')は不自然です。

8')×*Pour* avoir commis des indélicatesses, Pierre a quitté son travail.

後行状況（結果）を表す〈si bien que 主語＋直説法〉

まず、bien の働きに注意して、9）と 10）を見てください。

9）Elle chante *bien*. 彼女は歌がうまい。

10）J'ai *bien* reçu votre mail. メール、確かに受け取りました。

bien は、9）では彼女の歌が話し手の期待する歌唱力のレベルに達していることを、10）ではコトの展開が話し手の想定するシナリオに合っていることを表しています。「bien は話し手が想定する基準を満たしていることを表す」と言えそうです。11）の bien は 10）に似ています。

11）C'est *bien* ce que je cherchais !

まさに私が探していたものです。

こんどは、si...que の働きに注意して、12）と 13）を見てください。

12）Elle a chanté *si* bien *que* tout le monde a applaudi.

彼女がとてもうまく歌ったので全員が拍手した。

13）Elle a chanté, *si bien que* tout le monde est parti.

彼女は歌った、その結果、全員がいなくなった。

si...que は、〈si X que C〉の組合せで使い、「とても X なので C」を表します。発話の前半の X が後半の C につながるわけです。13）の場合の X は、「確かに」を表す bien です。まず「彼女が歌った」と言っておいて、「そういうコトがとても X だった（とても確かな事実だった）ので C」ということです。14）の場合も、やはり X は「確かに」を表す bien です。

14）Alain a beaucoup travaillé, *si bien qu*'il parle bien le japonais.

アランはうんと勉強した、その結果、日本語がじょうずだ。

前半のコトが、「とても確かな事実だったので C」という流れです。

13）も 14）も、〈コト＋ si bien que 主語＋直説法〉の構文です。発話の前半でコトを表し、短い休止をおいて（書くときはカンマで示します）、後半で C を言います。C はコトに対する自立性がきわめて高く、話し手は、C をコトから独立した現実の事柄として打ち出すために、直説法を使わなければなりません。

4課　après のあとは〈que 主語＋接続法〉？

— après と接続法・直説法

　　1~3 課では、時間領域・観念領域の状況 C が「コトより後」の場合の関係辞と C の表現（〈原形〉または〈que 節〉）を中心に見てきました。じつは、C が「コトより前」の場合も、表現法の原則は変わりません。

　　コト（事態）に先行する C を表すとき、日本語では、「～する後に」とは言わず、「～した後に」と言いますね。C の行為がちゃんと完了段階に達していることを、「～した」で表示するわけです。同じような感覚は、フランス語でも働いています。たとえば、「20 時のニュース番組を見た後に、私たちはテレビを消した」を après を使って表すとき、1)a, 2)a のような〈原形〉ではなく、C の行為がちゃんと完了段階に達していることを表示する 1)b, 2)b のような〈原形の複合形〉で表す必要があります。(JT は journal télévisé の略です)

1）a. ×*Après* regarder le JT de 20 heures, nous avons éteint la télé.

　　b. *Après* avoir regardé le JT de 20 heures, nous avons éteint la télé.

2）a. ×**Nous avons éteint la télé** *après* regarder le JT.

　　b. **Nous avons éteint la télé** *après* avoir regardé le JT.

状況 C の行為主体がコトと同じとき

　　1), 2）では、状況 C の regarder「見る」という行為の主体は、コトの éteindre「消す」という行為の主体と同じです。C の後にコトはすんなりつづき、C はコトに対して自立性がないのでわざわざ〈que 節〉で表す理由がありません。このように、C とコトの行為主体が同じであれば、C を〈原形の複合形〉で表すのが原則です。

3）*Après* avoir déjeuné, nous sommes partis en promenade.

　　　　昼ご飯を食べた後、私たちは散歩に出かけた。

4) Je ferai la sieste tout à l'heure *après* lui avoir téléphoné.

後で昼寝するつもりだ、その人に電話した後に。

1)、2)でもこの 3)、4)でも、時間の流れの中でＣの後にコトがすんなり
つづいています。Ｃは、コトに対する自立性がありません。したがって、
わざわざ〈que 節〉で表す理由がありません。

行為主体が同じでも〈que 節〉で表すとき

ところが、「帰っていいですよ、自分の業務を終えた後に」というよう
なことを表すときは、状況Ｃとコトの関係が微妙です。もちろん、「自分
の業務を終えてしまう」というＣを、純然たる時間的状況として 5)のよ
うに〈原形の複合形〉で伝える場面は、いくらでもあります。

5) Vous pourrez partir *après* avoir terminé votre service.

しかし、Ｃを、「帰ることができる」というコトの前提条件として伝え
る場面もありえます。前提条件ということになれば、当然、コトとは別個
の自立した出来事でなくてはなりません。そういう場面では、6)のよう
な〈que 節〉の発話で聞き手に伝えることになります。その場合、接続法
と直説法のどちらも使います。

6) a. Vous pourrez partir *après* que vous ayez terminé votre service.

b. Vous pourrez partir *après* que vous aurez terminé votre service.

6)a のようにＣを接続法で表すとき、話し手は、コトの方だけを「現在ス
ペースにおいて思い描いた未来のコト」として聞き手に提示しています。
Ｃについては、コトとの前後関係を après で表すだけです。これに対して、
6)b のようにＣを直説法で表すとき、話し手は、Ｃを現実の時間の流れの
中で捉えて、コトとは切り離して、現在スペースにおいて思い描いた未来
の事柄として聞き手に提示します。そのとき、両者の前後関係を après で
表すわけですが、après が導く時況節では前未来 aurez terminé を使ってい
ます。これが主節の未来形 pourrez に対応する複合形であることに注意し
てください。

状況 C の行為主体がコトと異なる場合

　状況 C の行為主体がコトの行為主体と異なる場合、C はコトから自立
している事柄なので、話し手は、つねに〈que 節〉で表します。〈que 節〉
では、7), 8) のように、接続法も直説法も使います。

7) a. Le matin, *après* que mon mari soit parti au bureau, je dors un peu.

　 b. Le matin, *après* que mon mari est parti au bureau, je dors un peu.

　　毎朝、夫が会社に出かけた後、私は少し眠ります。

8) a. Elle partira *après* que le comptable ait vérifié les comptes.

　 b. Elle partira *après* que le comptable aura vérifié les comptes.

　　彼女は帰るだろう、経理係が帳簿を確かめた後に。

7), 8) のような場面で、C を接続法で表すとき、話し手は、コトの方だけを
現実のある時期のこととして聞き手に提示します。一方、C を直説法で表
すとき、話し手は、C をコトとは独立したある時期の事柄として聞き手に
提示します。その場合、après が導く時況節では複合過去 est parti または
前未来 aura vérifié を使っています。どちらも、主節の現在形 dors または
未来形 partira に比べて、一段階だけより複雑な複合形であることに注意
してください。

　これまで見てきたように、話し手は、C について、コトに対する自立性
があるかどうか、自立性がある場合はコトとは独立に捉えて時期を表示す
るかどうかによって、〈原形〉と〈que 節〉（接続法または直説法）のあい
だで適切と感じる表現を選びます。それを示すのが図 1 で、2 課（p.105）
で見たものと同じです。

【図 1】

　　　　コト＝状況　　ならCは〈原形〉
　　　　コト＋〈状況〉　ならCは〈que 主語＋接続法〉
　　　　コト ＋ 状況　　ならCは〈que 主語＋直説法〉

〈que 主語＋接続法〉をよく使うわけ

　昔は、après の後の〈que 節〉には直説法を使うのが正しいとされていました。ところが、20 世紀半ばから接続法節が増えてきて、現在では、多くのフランス人が接続法節をふつうに使うようになっています。中には、après に直説法節をつづけるのは誤りだと思っている人さえいるようです。一方、接続法節の使用を「ことばの乱れ」とする人もいて、そういう人は、「主節のコトを基準に考えれば、C はそれより前に起こったことなのだから、当然、現実にあったこととして直説法節で表すべきだ」と説きます。辞書や文法書には、たいてい「本来は誤用だが、よく見られる」という意味の指摘があります。

　ここで、接続法節を使う人が多くなった理由を考えてみましょう。接続法節を使う感覚は、次のようなものだと考えられます。

　A．コトに対する C の関係は après によって明示するのだから、C の時期を直説法の時制で表示する必要を感じない（直説法を使うと、主節の時制より一段階複雑な時制を使わなければならないので面倒）。

　B．接続法なら、現在・過去・未来のどの時期の話であろうと、〈avoir または être の接続法現在＋過去分詞〉ですむのでずっと楽だ。

　確かに、A はもっともです。とくに、主節に複合過去を使う 9)b のような場合はやっかいです。

9）a. Elle est partie *après* que le comptable ait vérifié les comptes.

**　b. Elle est partie *après* que le comptable a vérifié les comptes.**

彼女は帰った、経理係が帳簿を確かめた後に。

直説法を使うなら、9)b の C は、本当なら複合過去より一段階複雑な a eu vérifié（複複合過去）を使うところですが、複合過去で間に合わせる人も少なくありません。新聞などでは、単純過去に対応する複合形である前過去 eut vérifié で切り抜けることがあります。9)a のように接続法で表せば、そんな苦労は要りません。日本語で、現在・過去・未来のどの時期の話であろうと、「〜した後に」だけで間に合わせているのと同じです。

5課　"Elle sera à Paris depuis que..." が不可なのは？
— depuis の用法

　　ある女性について、「彼女はすべてに通じている、その会社の社長に
なってから」と言うとします。「すべてに通じている」というコト（事態）
はいま持続中で、その起点（開始時点）として「その会社の社長になっ
た」という状況 C を depuis（de と puis の合成語）で導くわけです。

**1) Elle est au courant de tout *depuis* qu'elle est devenue le P.D.G. de
cette boîte.**（P.D.G. は Président-Directeur Général の略です）

C とコトの行為主体はどちらも「彼女」で同じですが、C はコトの起点の
目印だからコトから独立しています。それで、〈que 節〉で表します。

　　未来のコトについては、注意を要します。今から 3 日後に開幕する見
本市の話をしていて、現地にレアがいるのは「その前日から」つまり「明
後日から」と伝えるとき、depuis après-demain とは言えないのです。

2) Léa sera sur place *depuis* la veille [×*depuis* après-demain].

　　レアは現地にいることだろう、その前日から。

　　C の表現には、ほかにもおもしろい問題がいろいろあります。

depuis が〈que 主語＋複合過去〉を導くとき

　　なんといっても、よく話題になるのは、現在スペースにおいて持続中の
コトです。それが行為の完了の結果状態であるときは、5) のように複合
過去で表します。持続の起点を示す状況 C の方は、しばしば過去の出来
事です。それを表すには、複合過去を使うことになります。

3) On la voit souriante *depuis* qu'elle a réussi à l'agrégation.

　　にこやかな彼女が見られる、教授資格試験に合格して以来。

4) *Depuis* que tu m'as parlé d'Annie, je n'arrête pas de penser à elle.

　　アニーの話をしてくれたときから、彼女のことが頭から離れない。

5）**Il n'a pas dit un mot *depuis* que nous sommes partis.**

> 彼はひとことも言葉を発していない、家を発ってから。

3）~5）のような発話を構成する操作は、次のようなものです。話し手は現在スペースにいて、そこにおいて持続中のコトについて、その持続がいつからであるかを問題にします。そして、発話時点 t₀ から過去方向を振り返ってCに目をとめて、その時点をコトの起点と認めます。Cは、現在スペースにいる話し手が記憶の中から取り出す過去の出来事だから、複合過去で表します。この操作は、次のように図示できます。

【図1】

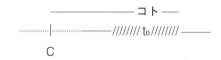

depuis が〈que 主語＋大過去〉を導くとき

2章4課（p.50）で見たように、話し手は、現在スペースにいるという意識を保ったまま、ある「過去スペース」を想起し、そこに仮に移っているような気持ちになって、そこにおいて生起・持続するさまざまなコトを表すことがあります。過去スペースにおいて持続中のコトは、半過去または大過去で表します。起点に当たる状況Cは、それより前のこと（過去における過去の出来事）だから、大過去で表します。たとえば、1）と4）を、過去スペースの話に変えると、次のようになります。

1'）**Elle était au courant de tout *depuis* qu'elle était devenue le P.D.G. de cette boîte.**

> 彼女はすべてに通じていた、その会社の社長になってから。

4'）***Depuis* que tu m'avais parlé d'Annie, je n'arrêtais pas de penser à elle.**

> アニーの話をしてくれたときから、彼女のことが頭から離れなかった。

話し手は、図1に示したのと同じような操作をしているわけです。

未来のコトの起点を名詞グループで表すとき

　おもしろいのは、未来の場合です。確かに、話し手は、現在スペースから想像力によって未来方向を展望してあれこれコトを思い描くことがあります。しかし、自分が未来のある場面に移っているような気持になることはなかなか難しく、未来の場面において持続中のコトについて起点を問題にしたりするのは、頻繁に見られることではありません。

　話し手は、現在または過去において持続に立ち会っているコトを、"Elle dort.", "Elle dormait."のように現在形・半過去で表せます。しかし、未来のある場面において持続中のコトは未来形で表せる、とは言い切れません。たとえば「眠る」という持続型行為の場合でも、「その時点で、彼女は眠っているだろう」という持続中のコトが 6)a の未来形で表せるかどうかは、人によって感覚が異なります。〈en train + de 原形〉なら大丈夫です。

　6) a. [持続中の意味で] ?**A ce moment-là, elle *dormira*.**

　　b. **A ce moment-là, elle *sera en train de dormir*.**

　しかし、「その時点で、彼女は眠ったことになるだろう」と総括するようなときは、「眠る」行為が完了段階に達している状態を dormir の前未来で表すことができます。また、そのようなコトなら起点を問題にすることもできます。6') はその例です。

　6') **A ce moment-là, elle *aura dormi* sans interruption *depuis* la veille.**

　　　その時点で、彼女は眠りつづけたことになるだろう、前の日から。

　次も、未来のある時点までのコトを総括する場面で使える発話です。

　7) **Elle *aura* toujours *enseigné* la cuisine *depuis* son retour au pays.**

　　　彼女はつねに料理を教えてきたことになるだろう、帰国以来。

　要するに、未来のある時点 tf において持続中のコトを思い描いて、その持続がいつからであるかを問題にすることがときにはできるわけです。その場合は、想像力をしっかり発揮して自分が仮に時点 tf にいると想定し、そこから過去方向を振り返って C に目をとめて、その時点をコトの起点と認めます。この操作は、図 2 のように示すことができます。

【図2】

2）で depuis la veille を使うのは、6'）や 7）と同じで、時点 t_f から過去
方向を振り返る操作に合うからです。その一方、depuis après-demain が
使えないのは、未来の時点から発話時点に立ち戻って、そこからまた「明
後日」を展望するという無理な操作が前提となるからです。

未来のコトの起点は〈que 節〉では表せない？

　これまで見てきた depuis が〈que 節〉を導く発話は、未来の話として未
来形・前未来を使って書き換えると、どれも容認されなくなります。たと
えば、1），5）は次のとおりです。

　1"）[×]〈A ce moment-là,〉 elle sera au courant de tout *depuis* qu'elle <u>sera</u>
　　<u>devenue</u> le P.D.G. de cette boîte.

　　　彼女はすべてに通じているだろう、その会社の社長になってから。

　5"）[×]〈A ce moment-là,〉 il n'aura pas dit un mot *depuis* que nous <u>serons</u>
　　<u>partis</u>.

　　　彼はひとことも言葉を発していないだろう、家を発ってから。

　コトを未来形・前未来で表す場合に、depuis に〈que 節〉をつづけるこ
とはできないのです。depuis を使う場合、話し手はコトの時点から過去方
向を振り返って C に目をとめて、その時点をコトの起点と認めます。「過
去方向を振り返る」という点がポイントです。一方、depuis の後に未来
形・前未来を使うことは、現在スペースに立ち戻って未来方向を展望する
ことが前提になります。depuis は過去方向の視線に、未来形・前未来は未
来方向の視線にそれぞれ対応するわけです。depuis を使う操作と未来形・
前未来を使う操作は、このように視線の方向が逆なので、両立しません。

6課　大人に "que tu es toute petite" と現在形？
― depuis と〈que 主語＋現在形〉

　関係辞 depuis の話のつづきです。前の5課では、状況 C がコト（事態）の持続の起点（開始時点）を示す発話を見ました。話し手は、C がコトの持続の長さ（持続期間）を示す発話を構成することもよくあります。

1）Elle est au courant de tout *depuis* 10 jours.

　　　　彼女はすべてに通じている、十日来。

「十日」という C は、「彼女がすべてに通じている」というコトの持続期間だから、発話時点からその期間だけ過去方向に遡れば持続の起点（開始時点）が分かる理屈です。図1のように示せるでしょう。

【図1】

　未来のある時点において持続中のコトを思い描き、その持続がいつからであるかを問題にして持続期間を示すことも、問題なくできます。

2）Léa sera sur place *depuis* au moins 24 heures.

　　　　レアは現地にいることだろう、少なくとも24時間前から。

　おもしろいのは、現在スペースのコトの C として持続タイプの事柄を持ち出して〈que 節〉で表す場合です。詳しく見ていくことにしましょう。

depuis が〈que 節〉を導くとき

　3）～6）の状況 C は、どれも現在スペースにおいて持続している事柄です。C の持続期間はコトの持続期間に重なります。つまり、コトの持続の

起点は C の開始時点と一致しています。

3) Elle est au courant de tout *depuis* qu'elle est le P.D.G. de cette boîte.

彼女はすべてに通じている、その会社の社長になって以来。

4) Je la connais *depuis* que je suis au monde.

彼女を知っています、生まれてからずっと。

5) *Depuis* qu'on se connaît, il s'attend à ce que je le quitte à tout instant.

知り合って以来、彼は私がいつでも去りかねないと覚悟している。

6) Il est devenu très bête *depuis* que sa tante s'occupe de son éducation.

彼はとてもばかになっている、叔母が教育するようになってから。

3)〜6)の場合、話し手は、現在スペースにおいて持続中のコトについて、その持続がいつからであるかを問題にしています。そして、開始時点がコトの起点と一致し、コトと並行して持続してきている C に目をとめます。C は、現在スペースにおいて持続中の事柄だから、現在形で表します。この操作は、図 2 のように示せます。左ページの図 1 と同じ構造です。

【図2】

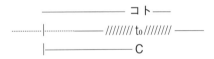

過去の話であれば、話し手は、コトを半過去または大過去で、並行する C を半過去で表します。たとえば、3), 6) を過去の話にすると、3'), 6')のようになります。

3') Elle était au courant de tout *depuis* qu'elle était le P.D.G. de cette boîte.

彼女はすべてに通じていた、その会社の社長になって以来。

6') Il était devenu très bête *depuis* que sa tante s'occupait de son éducation.

彼はとてもばかになっていた、叔母が教育するようになってから。

今のことを表さない〈que 主語＋現在形〉

7）を見てください。3）~ 6）と同じように、C を〈que 主語＋現在形〉で表しています。しかし、C の内容に関して大きな違いがあります。

7）Je te connais bien *depuis* que tu es toute petite.

> あなたのことはよく知っている、幼かったころから。

聞き手は成長していて、現在スペースにはもはや「あなたが幼い」という事実はありません。それなのに現在形で表すというのは、どういうしくみになっているのでしょうか。

7）の C は〈que 主語＋être＋属詞〉ですが、このような発話例は珍しくありません。8）, 9）の「ぼく」と「彼」も、今は成人しています。

8）Mon père m'a toujours consolé de tout *depuis* que je suis haut comme trois pommes.

> 父はすべてについて慰めてくれてきた、ぼくが小さかったころから。

9）Discourir, militer, il sait le faire *depuis* qu'il est lycéen.

> 演説する、活動する、彼はそれをする術を知っている、高校生のときから。

C の表現としては、年齢にかかわる語句もあります。11）は新聞記事の一文です。

10）Ma mère a toujours travaillé ici *depuis* qu'elle a dix-sept ans.

> 母はずっとここで働いてきた、17 歳のときから。

11）Ludovic（19 ans）bégaie *depuis* qu'il est en âge de parler.

> リュドヴィック（19 歳）は吃っている、口が利けるようになる歳になって以来。

7）~ 11）の C の事柄は、現在スペースまではつづいていません。どの C の行為主体をとっても、現在スペースにおいては、成長しているか歳を重ねるかしています。つまり、C は、過去においてある期間だけ持続したコトです。しかし、話し手は、過去の出来事と捉えていないので、複合過去で表すことはしていません。

〈que 主語＋現在形〉で人生の段階を表す

7) ~ 11) の場合、コトの持続がずっと前からであることを伝えようとする姿勢が感じられます。それは、属詞が人生の初期を表す toute petite, haut comme trois pommes や若い時期を表す lycéen であることにも表れています。また、10), 11) のように現状に比べてはるかに低い年齢を示していることにも表れています。

状況 C は、話題になっている人物の誕生・幼少・若年など、人生の初期の段階です。大事なのは、その人物がコトの時点で生きつづけていることです。そのために、C が表すのは「人生の初期段階」ですが、伝わるのは「人生の初期段階から今までの期間」ということになります。

実際、7) ~ 11) と違って、人生の一段階と見なせないような C は、現在スペースにおいて持続中ならともかく、そうでなければ現在形で表すことはありません。たとえば、「パリで暮らす」「東京で働く」といったことは、「幼児から少年・少女になり、その後も次第に歳をかさねて今にいたる」という意味での人生の一段階と見なすことはできません。12), 13) のような発話は容認されないのです。

12) ［今はパリで暮らしていない］

　　×**Je bois du café au lait le matin *depuis* que j'habite à Paris.**

　　私は毎朝カフェオレを飲みます、パリで暮らすようになってから。

13) ［今は東京で働いていない］

　　×***Depuis* que je travaille à Tokyo, je suis abonné à *La France*.**

　　東京で働くようになってから、私は『ふらんす』を予約購読している。

現在スペースまではつづいていない C は、以前のこととして半過去で表せそうなものですが、そのような表現をすることはありません。現在スペースで持続中のコトを現在形または複合過去で表しておいて、それにともなう C を半過去で表すことはありません。半過去の使用は、話し手が過去スペースに移っているような気持になっていることが前提だから、発話時点から振り返る操作とは両立しないのです。

7課　同時・並立・理由を表す comme の正体は？

— bien, alors, comme

　この章の 3 課（p.109）で、コト（事態）の結果となる状況 C を〈si bien que C〉で表す 1）のような発話のしくみについて考えました。

1）Elle est venue, *si bien que* nous avons pu en discuter ensemble.

> 彼女が来た、それでその件についていっしょに話し合えた。

　その際、bien の働きについて、「話し手が想定する基準を満たしていることを表す」と述べ、2）, 3）のようなタイプの発話も見ました。

2）Le stationnement est *bien* interdit, mais tu peux te garer.

> 確かに駐車は禁止されている、でも停めても大丈夫。

3）Elle a *bien* eu peur. Mais elle est allée jusqu'au bout.

> 彼女は確かに怖い思いをした。けれども最後までやり遂げた。

　bien は、このほかに、コトに対して「C にもかかわらず」という関係でかかわる C を「譲歩節」で表すときにも使います。

4）*Bien* que la tâche soit délicate, Léa s'en sort assez bien.

> 任務はやっかいだが、レアはなんとかうまく切り抜けている。

5）*Bien* qu'elle n'ait pas encore terminé, elle sort avec des amis.

> まだ終えていないにもかかわらず、彼女は友だちと出かける。

　このような譲歩節の bien も、1）~ 3）の bien と基本の働きはまったく同じはずです。譲歩節を含む発話の表現のしくみは、どうなっているのでしょうか。

譲歩節を含む発話における bien のはたらき

　ここで、上の 2）, 3）を 2'）, 3'）のように言い換えてみましょう。

2'）*Bien* que le stationnement soit interdit, tu peux te garer.

> 駐車は禁止されているけれど、停めても大丈夫。

3') *Bien qu*'elle ait eu peur, elle est allée jusqu'au bout.

彼女は怖い思いをしたにもかかわらず、最後までやり遂げた。

2')、3') は、発話全体として、それぞれ 2)、3) とほぼ同じ内容を伝えています。「駐車が禁止されている」「彼女が怖い思いをした」という状況 C について、話し手は、そういう事柄が確かにあると認めています。譲歩節の bien は que 以下の事柄が「確かに」あるということを表しているわけで、「話し手が想定する基準を満たしていることを表す」という基本の働きを保っています。そして、確かに C があるにもかかわらず、「あなたが停めることができる」「彼女が最後までやり遂げる」というコトが現実にあるということを、発話の後半で聞き手にはっきり伝えています。

bien の譲歩節に接続法を用いるわけ

4)、5) も 2')、3') も、譲歩節に接続法を使っています。話し手は、状況 C の事柄が「確かに」あると認めています。それなら、直説法を使いそうなものなのに、なぜ接続法で表すのでしょうか。

それは、話し手に、C の事柄を現実のこととして打ち出す気持ちがないからです。C は、ふつうならコトが起こるのを妨げる方向に作用するはずの事柄です。たとえば、2') の場合、駐車禁止という C があれば車を停めることはできないはずなのに、話し手は「停めることができる」というコトが現実だと断言しています。3') の場合は、怖い思いをするという C があればくじけそうなものなのに、実際には「最後までやり遂げる」というコトが起こったということを打ち出しています。

4)、5) も同じことで、話し手の意図は、コトの方を事実として聞き手に伝えることです。C はコトの引き立て役にすぎず、C を聞き手に伝えることは大事なポイントではありません。だいいち、C は聞き手も知っている事柄です。つまり、話し手には、C を聞き手に教えるために現実のこととして打ち出す気持がない。したがって、わざわざ直説法の時制を使うにはおよばないということになります。

コトと対比する状況は alors と〈que 主語＋直説法〉で

6）はあらたまった文体の発話です。alors は、本来は「そのとき」を表す副詞で、6）ではコトと同時の状況 C を導いています。

6）Alain s'est intéressé aux mangas *alors* qu'il était étudiant à Paris.

> アランはマンガに興味をもった、パリで学生だったころ。

ふつうのことばづかいの場面では、〈quand 節〉や〈pendant que 節〉を使うところです。

こういう C は、コトと並んで同時に展開している事柄なので、内容についてコトと比べたくなるのは自然なことです。実際、観念の領域においてコトと対比的・対照的な C を表すときに、alors をよく使います。

7）Léa regarde le JT *alors* que son frère prépare le petit déjeuner.

> レアはニュースを見ている、弟が朝食のしたくをしているのに。

8）*Alors* qu'elle aimait beaucoup lire avant, elle ne lit plus du tout.

> 彼女は前は読書が大好きだったのに、もう全然本を読まない。

C は、7）ではたまたまコトと同時ですが、8）のようにコトと時間的にずれていてもまったく構いません。大事なことは、alors で C を導くとき、話し手は、コトと対立関係にある事柄として C を伝えるという姿勢であることです。

いずれにしても、C はコトと対立する事柄である以上、コトと同じ重みのある事実として打ち出す必要があります。そのために、直説法を使わざるをえません。

comme にはいろいろな用法がある

この章の 1 課（p.99）で comme の発話例を一つ見ましたが、9）のタイプのものでした。コトと並立（類似）の関係にある状況 C を導く用法です。

9）Tout s'est donc passé *comme* je vous l'avais dit.

> つまり、すべてが進展したわけだ、私が言っていたとおりに。

comme には、コトとほぼ同時の C を導く用法もあります。動詞が表す

行為は完結型で時制は半過去のことが多いようです。11）のように、発話の後半に〈comme 節〉を言うのは、あらたまった文体にかぎられます。

10）*Comme* **je sortais, j'ai croisé le chat du voisin.**

　　　出がけに、隣の猫とすれちがいました。

11）**Léa est arrivée** *comme* **les invités partaient.**

　　　レアはやってきた、お客が帰りかけているところに。

comme でコトの理由となる状況を導く

　話し手は、ある状況 C が理由としてコトにかかわることを comme で表すことがあります。12）, 13）はその例です。

12）*Comme* **il veut mieux apprécier les mangas, il apprend le japonais.**

　　　マンガをより楽しみたいので、彼は日本語を勉強している。

13）*Comme* **elle est venue, nous avons pu en discuter ensemble.**

　　　彼女が来たので、その件についていっしょに話し合えた。

　9）の「類似」の発話や 10）, 11）の「同時」の発話からも分かるように、comme には、「調和、合致」という感じがともないます。実際、12）, 13）の場合も、C は、妥当で無理のない理由としてコトにつながっています。それで、「理由→コト」という自然な順序を反映する「〈comme 節〉→コトの表現」という語順の発話にするわけです。

　このように comme で導く理由節はコトに先立ちますが、par を使う場合は、たいていコトの後に言います。14）はその例で、1 課図 2（p.99）の説明で述べたように、〈ce que 主語＋直説法〉をしたがえています。

14）**Alain apprend le japonais** *par***ce qu'il veut mieux apprécier les mangas.**

　　　アランは日本語を勉強している、というのもマンガをより楽しみたいから。

　話し手は、コトを表す前半部を上昇イントネーションで言って、聞き手が「その理由は？」という疑問をいだくようにします。そうしておいて、「その理由はというと…」と、聞き手がまだ知らない事柄を伝えています。

表現力を伸ばすために読む

「フランス語は好きなので、卒業したあとも語学学校に通うつもりです」と（嬉しいことを）言ってくれる人がいます。たしかに、良い授業で学ぶのがいちばんです。それが叶わなくても、映画のDVDやテレビ・ラジオのサイトなどで、フランス語に接することはできるでしょう。どの場合でも、大事なのは文章を読むことです。とにかく興味のある分野の文章で難しすぎないものをたくさん読むといいでしょう。

読むときも、表現力を伸ばそうという姿勢でいってください。フランス語の語彙・文法の感覚を身につける姿勢です。たとえば半過去の用法、定冠詞の使いかたといった特定の文法事項に注目して読むのは、効果的なだけでなく楽しいものです。日本語に訳す作業はしない方がいいでしょう。時間がかかるわりに、（日本語の力はともかく）フランス語の力は伸びません。

過激なことを言うようですが、たいていの仏和辞典は、表現感覚を磨くための道具としてはほぼ無価値です。フランス語の文章（すでに内容が理解できている文章）を日本語に翻訳していて訳語が思い浮かばないときには役立ちますが、語彙・文法の情報が不足しています。たとえば、動詞 attendre ですが、仏和辞典で「待つ、期待する」などの訳語を知っただけでは、使えるようにはなりません。attentif, attention などが派生語であることにも気づきません。この動詞が表すのが「なにかに注意を向けた状態でなにもしないでいる」というような意味であることが感じ取れて、どういう構文で使うかがすっきり分かる辞書があればいいのですが。今のところ、表現力を伸ばすのに役立つのは、『白水社　ラルース仏和辞典』（語の使いかた・文を組み立てるための情報が豊か）と『プチ・ロワイヤル仏和辞典』（文法解説が行き届いている）ぐらいでしょうか。仏仏辞典は、いろいろ発見があっておもしろいと思うので、おススメです。

5章
人の思いと自分の思いを伝える

私たちは、「A さんはこう言っている」とか「B さんはこんなことを考えている」のように、人の発言や考えをだれかに伝えることがよくあります。そのとき、いろいろな発言動詞・思考動詞のうちのどれを使うかによって、どういう構文で表すかによって、自分自身が人の発言や考えをどう見ているかが聞き手に伝わってしまうことがあります。

この章で取りあげる動詞には、「言う」「おもう」「気づく」の領域をカバーするものだけでなく、「見る」「聞く」の領域をカバーするものもあります。とくに、voir と entendre については、〈que 節〉をしたがえる「理解、聴解」の用法を詳しく見ます。聞き手に対する働きかけにおいて、おもしろい効果をあげることがあるからです。

1課　ひとの発言内容は事実か？
― 発言動詞の個性

　発言を表す動詞は、日本語にも「言う」「話す」「ほのめかす」「もらす」
「ぬかす」「言い切る」「打ち明ける」ほか、たくさんあります。類義語だ
からどれかテキトーに使っておけばいい、というわけにはいきません。ど
れを使うかで、聞き手に伝わる発言のイメージが変わってしまいます。

　フランス語でも同じです。代表的な動詞は dire ですが、よく使うもの
だけでも、ほかに affirmer, avouer, déclarer, insinuer, prétendre, raconter,
rappeler, signaler など、いろいろあります。どの動詞も、意味や構文、文
体や使用場面などの点で、はっきりした個性をそなえています。たとえ
ば、マスメディアでは、政界・財界や学界・芸能界などの人物の発言を報
じる際に、déclarer をよく使っています。

1）**Le ministre *a déclaré* que le règlement de ce problème était une de
ses priorités.**

　　　大臣は、その問題の解決は優先課題の一つであると言明した。

déclarer は、感情・意向を正式に表明することを表します。「愛を告白する」
を表すときにも使い、"*Elle lui a déclaré son amour.*" のように言います。

　いくつかの動詞について、使いかたを見ることにしましょう。

事実を言うとき、dire の後は〈原形〉か〈que 節〉か

　まず、dire です。2）の話し手は、レアの発言を伝えています。

2）**Léa *dit* en être capable.**

　　　レアはそれをする能力があるように言っています。

話し手は、「レアにその能力がある」というコト（事態）を〈原形〉で表して
います。コトを「レアが言う」という出来事の枠内のこととして、レアの内
面に属すこととして聞き手に伝えています。コトの事実性については、不

明であって保証しないという姿勢です。

　じつは、2）のように〈発言動詞＋原形〉の組合せを対話で使うのはあらたまった文体の場合にかぎります。たいていは、2'）のように〈que 節〉で表します。

2'）Léa *dit* qu'elle en est capable.

　　　レアはそれをする能力があると言っています。

レアにとって、「自分にその能力がある」というコトは現実世界のことです。話し手は、レアのその見かたを〈que 主語＋直説法〉で聞き手に紹介しています。コトの事実性については、中立の姿勢です。

発言者が話し手自身のとき

　話し手は、あるコトだけでなく、それを「あなたに言っている」という（聞き手も分かっている）ことをわざわざ言うことがあります。

3）Je vous *dis* que je ne suis pas d'accord !

　　　私は同意しないと言っているんです！

「自分が同意しない」というコトは、聞き手には不都合なことです。3）では、そのコトを自分の発言内容（だから、事実）として〈que 節〉で聞き手に伝えています。事実として受け入れさせようとする姿勢が "Je ne suis pas d'accord !" と言うだけの場合より強いと聞き手は受け取ります。

　それでは、否定文の 4)a と 4)b を比べてみてください。

4）a. Je ne *dis* pas qu'elle en <u>soit</u> capable.

**　　b. Je ne *dis* pas qu'elle en <u>est</u> capable.**

接続法の 4)a の場合は、「彼女にその能力がある」などと言うつもりがない（〈que 節〉のコトを事実と思っていない）ことが聞き手に伝わります。直説法の 4)b は、「私は『彼女にその能力がある』と言うことをしない」という内容を表しています。否定しているのは発言行為の部分で、〈que 節〉の「彼女にその能力がある」というコトが事実であるかないかについては、中立の姿勢です。

発言内容を事実として伝えるときの動詞

avouer, informer, signaler などを使うと、話し手が発言内容を事実と見ていることが聞き手に伝わります。5), 6) は、それぞれ avouer「(正直に)告白する」、signaler「(聞き手が知らないでいることを) 知らせる、指摘する」の否定文の発話です。

5) Elle n'*a* pas encore *avoué* qu'elle s'était trompée.

> 彼女は間違っていたことをまだ打ち明けていない。

6) La radio ne *signale* toujours pas que le métro sera en grève demain.

> ラジオは、地下鉄が明日ストすることを相変わらず報じていない。

話し手は、〈que 節〉の事実があるのに、それを「彼女」も「ラジオ」も言っていないと聞き手に伝えています。

こんどは、avouer を使って自分自身の発言に言及する場面です。

7) J'*avoue* que j'ai du mal à partager votre analyse.

> じつを言うと、あなたの分析に賛成できかねます。

「あなたの分析に賛成できかねる」というのは、聞き手が不快に思いかねないコトです。一般に、avouer を使うのは、言いにくいことをあえて正直に聞き手に告白するときです。それで、7) のように言うと、話し手が誠実に振舞っていること、聞き手の気持ちに配慮していることが伝わります。

事実性が低いこととして伝える

prétendre はおもしろい動詞で、「広く受け入れられている通念に反することを主張する」行為を表します。それで、prétendre を使って他者の発言を表すと、話し手としては発言内容の事実性が低いと評価していることが聞き手に伝わります。

8) Elle *prétend* qu'elle nous a signalé cet incident.

> 彼女は、私たちにその件を知らせた (など) と言い張っている。

こういう場合、日本語では、「知らせたなどと…」のように「など」を使って、納得がいかないという不快感を表すことがありますね。

　意外なことに、prétendre で自分自身の発言に言及することがあります。その場合は、当然、発言内容を事実として伝えることになります。9)の話し手はパリ近郊の高校の教員で、その高校の生徒なら哲学に興味をいだくはずがないと決めつけている相手にきっぱりと反論しています。

9）Je *prétends* que la philo les intéresse et parfois même les passionne.

　　哲学は彼らの興味を引くし、熱中させることさえあると断言します。

　この場合、"La philo les intéresse..." というコトだけを言うこともできるはずです。しかし、あえて "Je prétends..." と言うのは、発言内容が「過激」であることをわきまえていること、それでも、あえてきちんと言っておきたいと思っていることなどを聞き手に分からせたいからです。

　また、10)の話し手は、"contrairement..." を言い添えることで、通念に反することを主張していることを明示しています。

10）Je *prétends* que, contrairement aux idées reçues, la productivité du travail est plus élevée en France qu'au Japon.

　　先入観とは反対に、じつは労働生産性はフランスの方が日本より高いことをはっきり言っておきます。

insinuer はコトを陰険に表す？

　insinuer は、「悪意をこめて〜だとほのめかす」行為を表します。

11）Qu'est-ce que vous voulez *insinuer* par là ?

　　そのことばによって何をほのめかそうとしているんですか？

　「悪意をこめて」という含みが insinuer にあることを踏まえて、12)のように、発言内容を虚偽とする場合によく使います。

12）Il faut avoir l'esprit tordu pour *insinuer* que mon fils est un néo-nazi.

　　息子がネオ・ナチだなどとほのめかすのは、頭が変なやつだ。

　「彼女が同僚とうまくいっていないと私はほのめかす」のように insinuer の表す悪意ある発言行為を自分がしていると言う 13)は、不自然です。

13）ˣJ'*insinue* qu'elle ne s'entend pas avec ses collègues.

2課 「〜と言っていない」が肯定文で表せる？

— nier, démentir と douter

　「レアは良い考えだと言っている」は、dire を使って "Léa dit que c'est une bonne idée." のように表すことができます。「言っていない」ということを伝えようとする場合は、いろいろな表現法が考えられます。まず思いつくのは、否定文 1)a, 1)b です。

1）a. Léa ne *dit* pas que ce <u>soit</u> une bonne idée.

　　b. Léa ne *dit* pas que c'<u>est</u> une bonne idée.

「良い考えである」というコトをレアが事実と見ていないことを伝えるときは、接続法の 1)a を使います。「レアは〜と言うことをしない」と発言行為の部分を否定するときは、1)b です（「良い考えである」というコトの事実性について、話し手は中立の姿勢）。また、「良い考えである」のは事実なのにそれをレアが言ってくれないという場合も 1)b です。このように、1)b を使うのは二つの場合があります。どちらに解釈すべきかは、対話場面の状況や文脈などから聞き手には分かるのがふつうです。

「否定する」を表す nier の使いかた

　「〜と言っていない」を肯定文で表すこともあります。たとえば、nier「否定する」を使う場合です。2）では、〈que 節〉のコトを否定することを表しています。

2）a. Le ministre *nie* que les soldats <u>aient ouvert</u> le feu sur la foule.

　　　大臣は、兵士が群衆に向けて発砲したことを否定している。

　　b. Le ministre *nie* que les soldats <u>ont ouvert</u> le feu sur la foule.

　　　大臣は、兵士が群衆に向けて発砲した事実を否定している。

2)a は、「兵士が発砲した」というコトが事実ではないとする大臣の見かたを紹介しています。2)b の話し手は、発砲が事実だと打ち出しています。

　もちろん、nier は否定文でも使え、自分自身についての発話の場合には「明確な肯定」という表現効果をあげることもあります。

3）a. Je ne *nie* pas que leurs caractères <u>soient</u> incompatibles.

　　b. Je ne *nie* pas que leurs caractères <u>sont</u> incompatibles.

接続法の3)a では、話し手は、「二人の性格が相容れない」というコトを否定はしないと言っているので、事実性について中立のはずです。しかし、わざわざ「否定はしない」と言うのは、肯定の方向に傾いていると聞き手は受け取るものです。おもしろいのは、直説法の3)b です。「二人の性格が相容れない」という事実を否定しないことを表します。この言いかたの場合、明らかな事実としてはっきり打ち出す姿勢が聞き手に伝わります。否定の否定で、強い肯定というわけです。

うそを打ち消す démentir

　「否定する」という行為は、対象となる発言や考えが存在することを前提にしています。ある発言や考えについて、内容が虚偽であるとしてきっぱり否定する行為を表すのが démentir です。mentir「嘘をつく」に否定の接頭辞 dé- を付けて作った、反論の動詞です。だれかがなにか言ったのに対して、「それは虚偽だ」と立ち向かうときに使うわけです。打ち消しの対象は、しばしば世間の噂やマスコミの報道です。4) では、それを名詞グループで表しています。

4）Le ministre *a démenti* les rumeurs sur sa démission.

　　　大臣は辞任に関する噂を否定した。

　だれかが自分自身の行為について虚偽だとして否定するときは、自分自身の行為を〈原形〉で表します。

5）Elle *dément* avoir agi de manière malhonnête.

　　　彼女は、不正な行いをしたことを否定している。

この発話の話し手は、「彼女」の行為（不正な行いをした）の事実性について中立の姿勢です。

démentir の行為主体とコトの行為主体が異なるときは、いうまでもなく、コトを〈que 節〉で表します。

6) L'Elysée *dément* formellement que le fils du président soit impliqué dans cette affaire.

　　　大統領官邸は、大統領の息子がこの事件に関与していることをきっぱりと否定している。

大統領官邸としてはコトを事実と認めていないことを、話し手は接続法で示しています。話し手は、コトの事実性について中立の姿勢です。

douter が表すのは「うたがう」行為か？

　「彼女が彼らに本当のことを言った」というコトについて、疑念を伝えるときは 7) を、むしろ確信を伝えるときは 8) のように言います。

7) Je *doute* qu'elle leur ait dit la vérité.

　　　彼女が彼らに本当のことを言ったかどうか疑わしい。

8) Je me *doute* bien qu'elle leur a dit la vérité.

　　　おそらく彼女は彼らに本当のことを言ったと思います。

7) の場合、コトを事実として打ち出す気がないので、直説法を使うにはいたりません。一方、同じ douter を使う 8) がむしろ肯定的な思考・判断を表すのは、どのようなしくみなのでしょうか。

　それを考えるには、douter の働きを見ておく必要があります。douter は、二つの選択肢のあいだで迷うことを表すラテン語 dubitare に由来する動詞です。実際、9) のような発話は "Cessez d'hésiter !" とほぼ同義です。

9) Cessez d'en *douter* ! 　そのことで迷うのはやめなさい。

　また、古めかしい文体では、〈si 主語＋直説法〉で表すコトについて、断定するのをためらっていることを douter で表すことがあります。

10) Je *doute* si, dans sa situation, j'agirais comme elle.

　　　彼女の状況だったら彼女のように振舞うかどうか断言できない。

　いろいろな用法を見ると、douter の基本的な働きは次のようなものだと言えます。

11） douter は、「（あるコトを）事実と捉えようとしつつためらっている」を
　　表す。

　このように、douter が表わすのは、コトを肯定的に捉える方向の行為で
す。それなのに、7）は、「疑わしく思う」という否定的な発話に見えます。
それは、事実と捉えようとしてためらう姿勢を示すことから生まれる表現
効果です。日本語の「それはどうかな」や「ちょっとね」が、それ自体は
否定の要素をなにも含んでいないのに、口にすると話の流れが否定的な方
向に切り替わるのと似ています。

事実と捉えるとき、douter に se を添えるしくみ

　3 章 5 課 (p.84) で、動詞に se を添えるのは、「コトに対する主体の関
与」の度合になんらかのプラスアルファが認められるときであることを見ま
した。douter の場合は、あるコトを「ためらいながらも事実と捉えよ
うとする」行為に思いきってしっかり打ち込むと、事実だろうと捉えるに
いたります。こういうときの、行為に対する主体の取り組みに見られるプ
ラスアルファを、話し手は se を添えて示すわけです。それが、8）であり、
次の 12）なのです。

12） Clarisse se *doutait* qu'elle ne leur plairait pas.

　　　　クラリスは自分が彼らの気に入られないだろうと思っていた。

douter に se を添える発話の場合、話し手が〈que 節〉のコトを事実性が高
いと捉えていることが聞き手に伝わります。

　コトは、〈que 節〉で表すだけでなく、〈de 名詞グループ〉や代名詞 en
で表すこともよくあります。

13） Je me *doutais* bien de son échec. Oui, oui, je m'en *doutais* bien.

　　　　彼女が失敗すると思っていた。そう、そのように思っていた。

「彼女の失敗」という事実についての捉えかたを伝えています。

3課 「おもう」にもいろいろある？
— trouver と croire, penser

レアと友だちのエリーズは好きな作家が共通しています。1) は、エリーズが最近読んだある小説をめぐるやりとりです。

1) **Elise** : Alors, il t'a plu, le dernier Anna Gavalda ?

で、気に入った、アンナ・ガヴァルダの最新作は？

Léa : Oui, beaucoup. Je l'*ai trouvé* encore plus intéressant que le précédent.

うん、とても。前作よりもなおいっそうおもしろいと思った。

2) では、エリーズに向かってレアとブリュノが話しています。「エリーズが父親似である」というコト（事態）を事実と思っていないブリュノと違って、レアの方は事実として打ち出すために直説法で表しています。

2) **Léa** : Plus je te regarde, plus je *trouve* que tu ressembles à ton père.

見れば見るほど、あなたはお父さん似だと思う。

Bruno : Moi, je ne *trouve* pas que tu lui ressembles tellement.

僕は、あなたがお父さんにそれほど似ていると思わない。

このように、なにかを見たり、聞いたり、味わったりしていだいた「体験にもとづく感想」を表す場面では、trouver をよく使います。そういう場面では、croire や penser を使うことはできません。反対に、体験していないコトについての思いを表すときは、trouver が使えず、croire または penser をよく使います。

croire と penser のはたらき

croire の基本的な働きは、「（確かな根拠はないが）思う、信じる」を表すことです。場合によって、「気がする」といった軽い思いのこともあれば、宗教的信仰というあつい思いのこともあり、いろいろな意味でおもし

ろい動詞です。3) のように、行為主体が話し手以外の場合には、気をつけなければならないことがあります。

3) Clarisse *croit* que c'est facile.

> クラリスはそれがやさしい（など）と思っている。

クラリスが事実と思っている「それがやさしい」というコトを、話し手は事実と見ていないと聞き手は受け取るのがふつうです。その背景には、私たちが他者の考えを話題にするのはしばしば批判するためであるという一般的な傾向があります。それに加えて、croire の場合には、「確かな根拠はないが」という要素を含んでいることが大きく作用しています。

　penser もよく使う動詞ですが、基本的な働きは、「（あれこれ検討して）判断する」を表すことです。penser を使って 3) を言い換えると 3') のようになります。

3') Clarisse *pense* que c'est facile.

> クラリスはそれがやさしいと考えている。

この場合、〈que 節〉のコトの事実性について、話し手は中立だと聞き手は受け取ります。他者の考えを話題にするのは批判のためという傾向はあるけれど、penser の「あれこれ検討して」という要素のために事実である蓋然性がかなり高いからです。対話現場では、話し手の表情や話の流れからどう捉えているかが聞き手に分かることも珍しくありません。

「思った」という過去の出来事を表すには

　過去に自分があることを思ったということを表すときも、croire と penser のどちらを使うかによって違いが出るので要注意です。たとえば、友だちに映画の DVD をプレゼントするとします。渡しながら、「（昨日、店で DVD を見たときに）気に入ってもらえるだろうと思ったから」というつもりで 4) のように言うとします。「思った」は、現在スペースにおいて記憶から取り出す過去の出来事だから複合過去で表すわけですが、じつはこの場面に 4) は不適切です。

4) [プレゼントを渡しながら] ×**J'*ai cru* que ça te plairait.**

これは、「気に入ってもらえる」というコトの事実性を低いと評価する発話なのです。「気に入ってもらえるだろうなどと思ってしまった」ということが伝わるので、DVD を渡しながら言うのは不自然です。

　その点、4') のように penser の複合過去で表すなら問題ありません。

4') **J'*ai pensé* que ça te plairait.**

「気に入ってもらえるだろう」というコトは、「あれこれ検討して」判断したことです。だから、事実である蓋然性がかなり高い。店でそう思ったと言いながら DVD を渡している今も同じ考えだと聞き手は受け取ります。

　5) は、過去に自分が「それが冗談である」と思ったということを、croire または penser を使って表す発話です。

5) **a. Alors, j'*ai cru* que c'était de la blague.**

　　b. Alors, j'*ai pensé* que c'était de la blague.

「それが冗談である」というコトは、croire の 5)a では、今は事実と見ていないことが伝わります。penser の 5)b では、今の自分がどう思っているかは伝わりません。このように、複合過去の場合は、聞き手にどう伝わるかに関して、croire と penser の働きの違いが大きく影響します。

過去スペースにおいて思っていたこと

　それでは、半過去の場合はどうでしょうか。5')a と 5')b を見比べてください。

5') **a. Je *croyais* qu'elle m'aimait.**

　　b. Je *pensais* qu'elle m'aimait.

　　　　彼女は私を愛しているのだと思っていました。

　話し手は、過去スペースに移っている気持ちになって、そこにおける「私が思っている」というコトを半過去で表しています。現在スペースにおいても思いつづけているかどうかに関しては中立の姿勢です。しかし、多くの場合、a も b も「そのときは〜だと思っていたが今は違う」という

ニュアンスが聞き手に伝わります。それは、過去スペースのことを話すのは現在スペースと対比するためであるという一般的な傾向があるからです。そのために、半過去で表すコトは、現在スペースの現実に反すると聞き手が受け取ることがよく起こるのです。

trouver と croire, penser の後の〈原形〉と〈que 節〉

　この章の 1 課（p.129）で、dire に〈原形〉をつづけるのは、あらたまった文体の場合で、コトの事実性が不明という姿勢のときであることを見ました。「思う」を表す動詞の場合はどうでしょうか。

6）a. ×**Léa** *trouve* **en être capable.**

　　b. **Léa** *croit* **en être capable.**

　　c. **Léa** *pense* **en être capable.**

　　　レアはそれをする能力があるように思っています。

　話し手は、「レアにその能力がある」というコトを、〈原形〉で表しています。コトを「レアが思う」という出来事の枠内のこととして、レアの内面に属することとして聞き手に伝えています。つまり、コトの事実性については、不明であって保証しないという姿勢です。

　問題は 6）a で、trouver の後に〈原形〉をつづけることはありません。なぜなら、trouver は外界のコトについての感想を表す動詞だからです。〈que 節〉の内容が、たとえば「シドニーがきちんと話す」というようなコトなら、三つの動詞のどれでも問題ありません。

6'）a. **Léa** *trouve* **que Sidonie parle bien.**

　　b. **Léa** *croit* **que Sidonie parle bien.**

　　c. **Léa** *pense* **que Sidonie parle bien.**

trouver を使う a は、レアがコトを観察していだいた感想を表します。croire または penser を使う b, c の場合、レアは実態がどうであるかは知らないが、「シドニーがきちんと話す」と思っている、または判断しているということを表します。

4課　気づかないのは、コトが存在しないから?
— 思考動詞と事実性

　3課で見た trouver は、「見つける」行為を表すときにもよく使います。

1) Non, je n'*ai* pas *trouvé* d'irrégularité. Tout est en ordre.

いや、不正行為は見つからなかった。すべてきちんとしている。

この場面には不正行為がありません。それを、話し手は〈pas... de 名詞〉で
表しています。"Il n'y a pas d'irrégularité." と言うのと、同じ感覚です。

　では、remarquer「気づく」を使って、「彼女はすべてを念入りに検査し
たけれど、なんら不正行為に気づかなかった(不正行為がなかった)」と
言ってみましょう。2)のような発話が考えられます。

**2) Elle a soigneusement tout inspecté mais n'*a* pas *remarqué* d'irré-
gularité.**

　「気づく」は、3章6課 (p.88) で見たように、〈se + apercevoir〉で表すこともあ
ります。「~に気づく」は、〈se + apercevoir〉に〈de 名詞グループ〉を添えて表し
ます。ところが、「彼女はすべてを念入りに検査したけれど、なんら不正行為に気
づかなかった(不正行為がなかった)」を表す発話として、3) は容認されません。

**3)ˣElle a soigneusement tout inspecté mais ne s'*est* pas *aperçue* d'irré-
gularité.**

　remarquer と〈se + apercevoir〉は、いったい何が違うのでしょうか。

remarquer のはたらき

　「気づく」を表す remarquer は、自分のことについても使えます。ただ
し、コト(事態)を〈原形〉で表すことはありません。

4) a. ˣEn me rasant, j'*ai remarqué* avoir des cheveux blancs.

　　b. En me rasant, j'*ai remarqué* que j'avais des cheveux blancs.

ひげを剃っているとき、白髪があるのに気づいた。

アンテナが自分自身をキャッチすることがないのと同じで、人がなにかに
気づくとき、その「なにか」は、気づく人とは断絶した、外界のコトにかぎ
られます。それで、コトは〈que 節〉で表す必要があるのです。

　remarquer が表す「気づく」行為の主体が他者である場合の発話例も見
ておきましょう。5) では、クラリスが気づいた「父親が若返った」とい
うコトを、話し手が事実と捉えていることが聞き手に伝わります。

5) Clarisse *a remarqué* que son père avait rajeuni.

　　クラリスは父親が若返ったことに気づいた。

　おもしろいのは、コトに「気づかなかった」を表す場合です。6) のよ
うに、二つの言いかたが考えられます。

6) a. Clarisse n'*a* pas *remarqué* que son père ait rajeuni.

　　b. Clarisse n'*a* pas *remarqué* que son père avait rajeuni.

接続法の6)a の場合、「父親が若返ったと気づくことがなかった」というク
ラリスの捉えかたを紹介しているだけです。話し手は、「父親が若返った」
というコトの事実性について、中立の姿勢です。これに対して、直説法の
6)b の場合は、「父親が若返った」という事実があるのに、それにクラリス
は気づいていないということが伝わります。

思い出さないのは、コトがないから？

　6)に似ているのが、「思い出す」を表す〈se + souvenir〉の否定文です。
6)と同じように、二つの言いかたが考えられます。

7) a. Clarisse ne se *souvient* pas que sa mère lui ait confié son passeport.

　　b. Clarisse ne se *souvient* pas que sa mère lui a confié son passeport.

接続法の7)a の場合、「母親がパスポートを自分に預けたという記憶がな
い」というクラリスの捉えかたを聞き手に紹介しています。話し手は、「母
親がパスポートをクラリスに預けた」というコトの事実性について中立で
す。これに対して、直説法の7)b の場合は、そういう事実があるのにクラ
リスは思い出さないということを聞き手に伝えています。

あるコトが事実であるかどうかをめぐって意見・利害が対立すること
は、いろいろな場面で起こります。コトをきっぱり否定すると、後になっ
て事実であることが判明した場合、面倒なことになりかねません。はっき
り否定する代わりに、「記憶がない」という言いかたをしておけば安全で
す。その例が 8）で、コトを接続法で表すのがポイントです。

8）Je ne me *souviens* pas que votre mère m'ait confié le dossier.

あなたのお母さんから書類を預かった記憶はありません。

話し手は、「書類を預かった」というコトの事実性について中立の姿勢だか
ら（つまり、否定していないから）、コトが事実であることが分かった場合
でも、虚偽の発言をしたことにはなりません。

〈se + apercevoir〉は、事実でなければ使えない

　話を「気づく」行為に戻しましょう。〈se + apercevoir〉を使って、6）
を言い換えてみましょう。接続法の 9）a なら「父親が若返った」という
コトの事実性について中立の姿勢が伝わりそうなものですが、じつは、こ
の発話は使えません。

9）a. ×Clarisse ne s'*est* pas *aperçue* que son père ait rajeuni.

**　b. Clarisse ne s'*est* pas *aperçue* que son père avait rajeuni.**

直説法の 9）b は、問題ありません。「父親が若返った」という事実があるの
に、クラリスは気づいていないということが伝わります。remarquer の場
合と違って、〈se + apercevoir〉を使うのは、話し手がコトを事実と見てい
るときにかぎるのです。事実であることを前提として、その事実に気づい
ているかどうかを伝えるときに使う表現なのです。

　3）は、「なんら不正行為に気づかなかった（不正行為がなかった）」を
表す発話として不適切でした。それは、〈se + apercevoir〉が、不正行為
が存在している場合にそれに気づいているかどうかを伝えるときに使う表
現だからです。したがって、ある不正行為が存在する場合に、それに「彼
女」が気づかないということを表す 10）は、自然な発話です。

10）**Elle ne s'*est* pas *aperçue* de cette irrégularité.**

彼女はその不正行為に気づかなかった。

事実と捉えていることが伝わる「事実述語」

〈se + apercevoir〉や発言動詞 avouer, signaler のように、話し手がコトを事実と捉えていることが聞き手に伝わる動詞表現は、「事実述語」と呼ばれています。この章の 2 課のおわり（p.135）で扱った〈se + douter〉もその一つです。たとえば、11）のように使うことができます。

11）**Léa ne se *doute* pas qu'elle a été escroquée.**

レアは、詐欺にあったのに、そう思っていない。

よく使う事実述語には、deviner, oublier, savoir などもあります。たとえば、savoir を使う 12）では、「ピエールが結婚歴がある」というコトを、話し手が事実と見ていることが聞き手に伝わります.

12）**Elle ne *sait* pas que Pierre a été marié.**

自分が事実だと捉えているあるコトについて、聞き手が知っていたかどうかをたずねるときは、13）のように半過去を使います。

13）**Tu *savais* que c'était une question aussi épineuse que ça ?**

こんなにやっかいな問題だということは知っていた？

それでは 14）を見てください。savoir は事実と捉えているコトについて使う動詞なのだから、je が主語で現在形の発話はおかしいはずですが、例外的に言うことがあります。どういう場面か分かりますか。

14）**Je ne *sais* pas que tu es ici.**

たとえば、「あなたがここにいる事実を私は知らないことにする」と強引に聞き手に言いわたすような場面です。

結局、事実述語の場合は、肯定文でも否定文でも、〈que 節〉の内容を主節の「言う、思う」というコトと同列に並べて聞き手に示すわけです。〈主語＋事実述語（肯定・否定）〉＋〈que 主語＋直説法〉の構文と考えることができます。

5課　見えていなくても voir は使える？

— voir のはたらき

　動詞 voir の代表的な用法は、「見る、見える」を表すことでしょう。1),
2) はその発話例で、行為対象である「光」や「韓国映画」は視覚で捉え
られる具象物です。

1）Tiens ! Je *vois* une lumière, là-bas.

　　おや、あそこに光が見える。

2）Kim est allé *voir* un film coréen dont on parle beaucoup en ce moment.

　　キムは見に行った、もっか評判の韓国映画を。

　その一方で、視覚で捉えていないコト（事態）について voir を使うこ
とも珍しくありません。3) の話し手は歌の先生で、生徒が歌うのを聞い
て、同僚に言っています。

3）Pas mal. Je *vois* qu'il s'est beaucoup exercé pendant le week-end.

　　とてもいい。彼が週末にうんと練習したことが分かる。

　voir が「見る、見える」を表す動詞だとすれば、3) のような用法はどう
説明できるのでしょうか。それとも、voir の働きは、視覚とは切り離して
考えるべきなのでしょうか。

voir の基本的なはたらき

　1), 2) をあらためて見てみましょう。1) の場面では、「自分」の視界に
不意に「光」が入って来ています。行為主体による対象との接触が起こっ
ています。2) は、「キム」が移動して、「韓国映画」が視界に入るように
する、対象との接触が起こるようにするというコトです。1), 2) は、視覚
の領域における「対象との接触」の用法と言うことができます。

　一方で、視覚では捉えられない「その問題」のような抽象物を対象とす
る場合も、4) のように voir で表します。

4) Je vais *voir* cette question de plus près.

　　私は、その問題をもっと詳しく見ます。

voir の行為主体は抽象物を、視覚で物体を捉えるときのように捉えています。行為主体がそなえている想像力・洞察力によって対象との接触が起こっています。行為主体が「接触の場」になっています。

　それでは、5)、6)のような用法は、どう説明できるでしょうか。

5) Les chercheurs *ont vu* l'importance de ce facteur.

　　研究者は、その要因の重要性が分かった。

6) Je *vois* bien ce que vous allez me demander.

　　あなたが私に何を頼もうとしているかよく分かっています。

voir は、「〜が分かる」という思考がかかわる行為を表しています。4)の用法の延長線上で、「対象の本質・中身との接触」を表す用法と言えます。ただし、comprendre がおもに知的操作による理解を表すのとは違います。対象が何であるかをぱっと捉える、瞬間的に悟るという感じです。

　このように見てくると、voir の基本的な働きは、視覚の領域にかぎらず「対象との接触」を表すことだと言えます。話し手は、行為主体の「対象との接触」があると見れば、視覚による「目撃」から思考がかかわる「理解」までのさまざまな行為を voir で表すことができるのです。

コトは〈主語＋原形〉または〈que 主語＋直説法〉で

　友だちに何日か前のことを話しているとします。たとえば、「バス停にバスが近づくのが見えた」という出来事は、voir の複合過去に〈主語＋原形〉をつづけて、7)のように表すことができます。

7) J'*ai vu* arriver le bus.　バスが来るのが見えた。

　自分のいる場所からはバスが見えなかったけれど、バス停の人たちの様子から「バスの接近が分かった」ということもあります。これは、7)では無理です。8)のように〈que 主語＋直説法〉を使えば大丈夫です。

8) J'*ai vu* que le bus arrivait.　バスが来るのが分かった。

純然たる「目撃」の場合にかぎって〈主語＋原形〉で表し、「理解」の場合は〈que 主語＋直説法〉で表すというしくみです。

「理解」の用法の〈que 主語＋直説法〉

　実際、3）のように、対象が行為主体の目の前で展開しないために「目撃」が考えられないときは、3′）のように表すことはありません。

3′) ˣJe *vois* cet élève s'être beaucoup exercé pendant le week-end.

　副詞 maintenant を含む 9）は、なかなかおもしろいケースです。

9) **Tout à l'heure, j'*ai vu* que, <u>maintenant</u>, Cécile mangeait de la viande. Elle n'est donc plus végétarienne.**

> セシルがいまや肉を食べることがさっき分かった。つまり、もうヴェジタリアンではないのだ。

　「セシルがいまや肉を食べる」コトは行為主体の目の前で展開しているのに、〈主語＋原形〉で言い換えた 9′）は容認されません。

9′) **ˣTout à l'heure, j'*ai vu* Cécile manger <u>maintenant</u> de la viande.**
　　　　Elle n'est donc plus végétarienne.

maintenant が「（それ以前と違って）いまや」という以前からの経緯を喚起することばであるために、視覚のみによる純然たる「目撃」を逸脱するからです。maintenant を削除すれば問題ありません。

「～とは理解していない」の表しかた

　否定する場合は、なかなか微妙です。行為主体が他者の場合、対象のコトを接続法で表すと、事実性について話し手は中立であることが聞き手に伝わります。直説法なら、事実と捉えていることが伝わります。

10) **Les pourparlers n'ont pas abouti. Mais elle ne *voit* pas qu'elle <u>ait</u> été maladroite〔qu'elle a été maladroite〕.**

> 交渉はまとまらなかった。しかし、彼女は自分がへまだったとは理解していない〔自分がへまだった事実が理解できていない〕。

　行為主体が話し手自身の場合、コトを事実と捉えていないという姿勢のときは、直説法を使う理由がありません。

11） Tu me dis que tu n'y arriveras pas. Mais je ne *vois* pas que ce soit difficile.

　　　あなたはできないだろうと言う。でも、難しいとは思えない。

voir を使って聞き手に働きかける

　6）について述べたように、voir が表す理解は、コトの中身をぱっと捉える、瞬間的に悟るという感じです。コトを明白な事実と捉えていることが伝わります。12), 13) を見てください。話し手は、高校で哲学を教えている女性で、教員としての喜びを感じる瞬間を語っています。

12） Quand ils s'intéressent à la philo, c'est le bonheur !

　　　彼らが哲学に興味をいだくときって、最高！

13） Quand je *vois* qu'ils s'intéressent à la philo, c'est le bonheur !

　　　彼らが哲学に興味をいだくのが分かるときって、最高！

13) では、「彼らが哲学に興味をいだく」コトを自分が悟るときが喜びの瞬間であると言っています。手応えある事実としてコトを実感し、それが喜びに直結しているという言いかたである分だけ、12) より説得力のある伝えかたになっています。

　同じようなことは、聞き手についての発話についても言えます。休みの日に家で子供と遊んでいるところに、知り合いがやってきたとします。14) の話し手は、せっかくの家族団欒を邪魔されたくないので、帰ってもらおうとして言います。

14） Vous ne *voyez* pas que je joue avec les enfants ?

　　　子どもと遊んでいるのが分からないのですか？

「自分が子どもと遊んでいる」という明白な事実を聞き手がちゃんと理解していることの確認を求めています。それによって、立ち去るという「しかるべき行動」を聞き手がするように促しているわけです。

6課　"J'ai entendu que..." は「伝聞」か？
— entendre のはたらき

　　voir と同じく、entendre にもいろいろな用法があります。代表的なの
は、聴覚のアンテナで対象を捉えることを表す「聞く」の用法ですが、
「〜するつもりだ、〜を望んでいる」を表す「意向」の用法もあります。
こちらは、ややあらたまった文体にかぎられます。

1）J'*entends* poursuivre ma vie de militant syndical.

　　私は、組合活動員の生活をつづけていく意向だ。

2）La ministre *entend* qu'on obéisse à ses directives sans discuter.

　　大臣は、人々が自分の指示に無条件で従うよう望んでいる。

entendre の行為主体である「私」または「大臣」が、望ましい対象に気持ち
をひたすらまっすぐ向けているというイメージで、迷いのないはっきりし
た意志という感じが聞き手に伝わります。

　　「意向」の用法の場合、行為主体が対象に気持ちを向けるのは、自分の
内面においての話です。それに対して、「聞く」の用法では、行為主体は
アンテナを外界に向けて、自分の外にある対象を捉えています。

entendre も「対象との接触」を表す

　　3), 4) は、entendre の「聞く」の用法の発話例です。行為対象である
「声」や「ジャズ・コンサート」は、当然、聴覚で捉えられるものです。

3）Tiens ! J'*entends* la voix d'Isabelle derrière la porte. Elle téléphone.

　　おや、イザベルの声がドア越しに聞こえる。電話している。

4）Kim est allé *entendre* un concert de jazz au Parc Floral.

　　キムは、PF（花公園）にジャズ・コンサートを聞きに行った。

3) では、「自分」の耳に不意に「イザベルの声」が飛び込んで来て、対象との
接触が起こっています。4) では、「キム」が移動して、「ジャズ・コンサー

ト」が耳に入るように、それとの接触が起こるようにしています。「聞く」
の用法では、聴覚の領域における「対象との接触」があります。

音を発し、知覚と同時期であるコト

　人や物がなにかすることを耳で捉えることもあります。「聞く」行為の
対象になるコト（事態）は、「音を発する」と「知覚と同時期である」の
2条件を満たしています。たとえば、5）の「同僚たちがレアについて話
す」というコトがそれで、〈主語＋原形〉で表しています。

　5）Léa *a entendu* ses collègues parler d'elle.

　　　レアは、同僚たちが彼女について話しているのを耳にした。

　5'）では、コトを〈que 主語＋直説法〉で表しています。

　5'）Léa *a entendu* que ses collègues parlaient d'elle.

5）と 5'）の使い分けはどうなっているのでしょうか。

　それを考えるために、6）を見ましょう。話し手は人気コメディアンで、
舞台の喜びを語っています。原形を使う 6）a はやや違和感があるのに対
して、〈que 節〉の 6）b は自然です。

　6）a. ?Quand j'*entends* les gens rigoler, c'est magique !

　　　b. Quand j'*entends* que les gens rigolent, c'est magique !

　　　　観客が笑ってくれているのが分かると、もう最高！

6）a の時況節は、「観客の笑い声を聞くとき」を表します。話し手は、「聞く」
行為について喜びを語ることになってしまいます。6）b の時況節が表すの
は、「（暗い客席から聞こえる声やざわめきなどを手掛かりに）観客が笑っ
ている事実を理解するとき」です。話し手は、〈que 節〉のコトが起こって
いるのを理解して「もう最高！」と喜んでいます。

　5'）は 6）b と同じです。「（同僚たちの話し声を手掛かりに）レアは彼女
が話題になっていることを理解した」ということを表します。〈que 節〉
をしたがえるのはコトの理解の場合なので、「聞く」の用法というより、
「聴解」の用法と呼ぶ方がいいでしょう。

音を発しないコト、生起が知覚と同時期でないコト

　「聴解」の対象になるコトは、「聞く」の場合の 2 条件を満たさなくて
も構いません。たとえば、7) の「子供たちが帰宅している」という状態
は、それ自体は音を発しません。それでも、7)b のように表せます。

　7) a. ×J'*entends* les enfants être rentrés.

　　b. J'*entends* que les enfants sont rentrés.

この場面で、行為主体である話し手は、その場のなんらかの音（たとえば,
子供たちが子供部屋で遊んでいる気配や話し声）を捉えて、それを手掛か
りに推論して、「子供たちが帰宅している」という、それ自体は音を発しな
いコトを理解しています。

　「彼女が起きている」という状態も、それ自体は音を発しません。それ
を 8) のように〈que 節〉で表す発話は、問題ありません。

　8) Léa m'avait dit qu'elle se coucherait tôt. J'*ai entendu* qu'elle était
　　pourtant toujours debout.

　　　レアは早く寝ると言っていた。それなのに、相変わらず起きていることが分かった。

この場面では、たとえば彼女が動く気配や物音を捉えて、それを手掛かり
に推論して、コトを理解しています。

　9) の話し手は音楽学校の先生で、週のはじめの授業で学生をほめてい
ます。コトは過去の出来事であって、entendre の行為とは時間的にずれて
いるために聴覚で捉えることはできません。それで、9)b のように表すこ
とになります。

　9) a. ×Je vous *entends* vous être beaucoup exercé pendant le week-end.

　　b. J'*entends* que vous vous êtes beaucoup exercé pendant le week-
　　end.

　　　週末にうんと練習したことが分かる。

この場面では、生徒が目の前で歌うのを聞いて、それを手掛かりに推論す
ることによって、過去の出来事を理解しています。

　このように見てくると、「聴解」は、次のような用法だと言えます。

10）話し手は、行為主体がなんらかの音を捉えて、それを手掛かりに推論し
　　てコトを理解することを表すときに〈que 節〉を用いる。

「伝聞」と「聴解」の用法

　それでは、コトを〈que 節〉で表す 11）は、「聴解」の用法でしょうか。

11）**J'*ai entendu* que Pierre jouait de la guitare.**

「ピエールがギターを弾いている」というコトを理解したという「聴解」の
ほかに、だれかから聞いたという「伝聞」の用法の可能性もあります。

　12), 13) は、明らかに「聴解」ではなく、「伝聞」の用法です。

12）**J'*ai entendu* que Pierre était malade.**

　　　ピエールが病気だと聞きました。

13）**Je n'*ai* jamais lu ou *entendu* que le gouvernement ait modifié sa
　　politique économique.**

　　　政府が経済政策を変更したとは読んだことも聞いたこともない。

　「伝聞」の用法の場合、コトを「行為主体が他者から得た情報」として
表すのだから、話し手は事実性について中立の姿勢であることが伝わりま
す。まれに否定文のことがあります。13）のように、行為主体である話し
手自身が「コトを人から聞いたことがない」ということを表すときは、事
実性について中立であることを直説法を使わないことで示しています。

　上の 10）で「聴解」の用法を説明しましたが、「なんらかの音を捉えて」
を「人のことばを捉えて」に変えれば、「伝聞」の説明になります。つまり、
「伝聞」は「聴解」の特殊な場合です。これに視覚領域で対応するのは、
ことば（文字）を見て、それを手掛かりにコトを理解する「読解」です。

　ところで、13）では、voir ではなく lire を用いています。聴覚領域では
「伝聞」も「聴解」と同じ entendre で表すのに対して、視覚領域では「読
解」はそれ専用の動詞 lire で表すのです。視覚領域の行為は、多くの動詞
によって微妙に表現し分けるしくみになっています。これは、人間にとっ
て視覚が果たす役割がとくに重要であることの反映です。

7課　entendre を使って聞き手に働きかける？
— entendre と voir の「理解」の用法

　　voir と entendre には、「幻覚」の用法があります。1）は、「亡くなった
夫がその詩を朗誦する」というコトを捉えることを表しています。

1) Encore maintenant, je *vois*［j'*entends*］mon mari mort réciter ce poème.

行為主体には、コトを目または耳で捉えているという実感があります。「幻
覚」は、「目撃」または「聞く」の用法の特殊ケースです。

　　それでは voir と entendre はいつも同じように使うかというと、そうで
はありません。たとえば、音楽学校の先生が才能のある生徒について「将
来、彼らがオペラ座で歌う」のを思い描くという「想像」の用法は、voir
にしかありません。

2) Je les *vois*［×Je les *entends*］chanter à l'Opéra un jour.

将来の話なので、entendre の発話は「幻聴」の用法の解釈もできません。

　　entendre の用法を、もう少し見ていくことにしましょう。

entendre で捉えるコトも事実にかぎる

　　3）は「聞く」の用法の発話です。その後に、「彼女の赤ん坊が隣の部屋
で泣く」というコトを事実とする姿勢で 4）a をつづけることも、事実で
ないとする姿勢で 4）b をつづけることもできます。

3) Elle *a entendu* son bébé pleurer dans la pièce d'à côté.

4) a. Elle était toujours très vigilante quand il s'agissait de son bébé.

　　　　彼女は、赤ん坊のことにつねに注意を払っていた。

b. En réalité, elle délirait. Elle n'avait plus toute sa tête.

　　　　実際には、彼女は錯乱していた。まともではなくなっていた。

これは、3）の話し手がコトの事実性について中立の姿勢だからです。コト

を〈主語＋原形〉で表すとき、話し手がはっきり事実として伝えているのは、行為主体の「聞く」行為だけです。

　5) は、「彼女」が「自分の赤ん坊が隣の部屋で泣いている」というコトを理解したという「聴解」の発話です。5) の後に、コトを事実とする姿勢で 6)a をつづけることはできますが、事実でないとする姿勢で 6)b をつづけることはできません。

5) Elle *a entendu* que son bébé pleurait dans la pièce d'à côté.

6) a. C'était normal car celui-ci commençait à faire ses dents.

　　　それも当然だった、というのも、赤ん坊は歯が生えてきたから。

**　　b.×En réalité, ce n'était pas son bébé mais celui de sa sœur.**

　　　実際には、それは彼女の赤ん坊ではなく、姉の赤ん坊だった。

これは、5) の話し手がコトを事実として伝えているからです。コトを〈que 主語＋直説法〉で表すとき、話し手は、行為主体の「聴解」だけでなく、コトの方も事実として聞き手に伝えているのです。

「聴解」の主体が聞き手である場合

　「聴解」は、6 課の 10) で述べたように「なんらかの音」という具体的な手掛かりにもとづくので、具体的で明白な事実を理解する実感をともないます。それだけに、「聴解」の行為主体には、しかるべき反応や行動をすることが期待されるものです。実際、しかるべき振舞いを怠ったといって聞き手を批判しようとする場面で、2 人称の「聴解」の発話が役立ちます。たとえば、7) の話し手は叔母で、1 階の食堂で母親が呼んでいるのにいつまでも 2 階で遊んでいる子供たちに対して注意を与えています。

7) Vous n'*avez* pas *entendu* que votre mère vous appelle ? Descendez tout de suite !

　　お母さんが呼んでいるのが分からないの？　すぐ1階に行って！

叔母さんは、この否定疑問文で、聞き手がコトをちゃんと理解していると決めつけています。そうである以上「食堂に行くべきである」のに、それを

怠っていると批判し、命令文で指示を与えています。叔母さんとしては、「聴解」を踏まえた正当な指示だと聞き手が受け取らざるをえない話の流れにしているわけです。

「理解」の主体が話し手自身である場合

　話し手は、コトに対する自分の行動が適切だと聞き手に受け取ってもらうために1人称主語の「聴解」の発話を使うことがあります。たとえば、8) の話し手は、近所の話し好きにつかまっておしゃべりの相手をしていますが、そろそろ家に戻りたいと思っています。そこに子供たちの声が聞こえてきました。

8) **J'*entends* que les enfants reviennent de l'école. Il faut que je leur prépare quelque chose.**

　　　子どもたちが学校から帰ってくるのが分かった。なにか用意してあげなくては。

話し手は、コトを確かな事実として表し、それを踏まえて「なにか用意する」行動に移ると言っています。このように、「聴解」の発話は、自分の行動を正当なものとして聞き手に受け入れさせるのに役立ちます。

　さらに、「聴解」の発話は、聞き手についてのコトを自分が把握していることを伝えて、聞き手との関係を背景に叱責やからかいなどの働きかけをしようとする場面にも適しています。たとえば、9) は、電話で娘の疲れた声を聞いた母親のことばです。

9) **J'*entends* que tu as encore fait la fête hier.**

　　　昨日また楽しく騒いだことが分かるよ。

話し手は、コトを口にしているだけではありません。娘の疲れた声という具体的な手掛かりにもとづいてコトを理解しているということを伝えています。それによって、事実であることを自分がちゃんと見抜いているということをつきつけて、反省させることを正当なことと娘に受け取らせる効果をあげています。もちろん、「また夜遊びしたんだね（元気なのにはあきれる）」といった調子でからかうというようなことも考えられます。

entendre の「聴解」の用法と voir の「理解」の用法

　5課（p.146）で voir の「理解」の用法を見ましたが、理解のための手掛かりは、視覚的なものでなくても構いません。たとえば、10）を見てください。

10) On m'a téléphoné pour m'expliquer la situation et j'*ai vu* que ce que m'avait dit mon père était vrai.

　　　電話で状況説明を聞いて、私は父が言っていたことが本当だったことが分かりました。

理解の手掛かりは聴覚的なものであって、視覚的なものではありません。

　ところが、entendre の場合の手掛かりは、6課（p.151）の 10）で述べたように、「なんらかの音」でなければなりません。entendre の用法は、聴覚の領域にとどまるのです。こう見ると、「聴解」は「理解」の特殊ケースということになります。voir の方がはるかに広い範囲をカバーするわけで、実際、「聴解」の発話の多くは、entendre を voir に換えても「理解」の発話として解釈できます。たとえば、8)、9) の場面では、voir の 8')、9') でも同じような内容を伝えることができ、聞き手に対する働きかけの点でもほぼ同じような効果をあげることができます。

8') Je *vois* que les enfants reviennent de l'école. Il faut que je leur prépare quelque chose.

9') Je *vois* que tu as encore fait la fête hier.

　けれども、7) の場面では、entendre の代わりに voir を用いると、かなり不自然な発話になってしまいます。

7')× Vous n'*avez* pas *vu* que votre mère vous appelle ? Descendez tout de suite !

この場面では、理解の対象となっているのが「（下の階で）お母さんがあなたたちを呼んでいること」という音を発するコトです。そして、理解の手掛かりになるのがコトの発する音そのものであることから、当然、entendre を用いることが期待されます。voir を用いることが不自然に感じられるのはそのためです。

対話能力を伸ばそうとする姿勢で

∾∾

　学習は、対話能力を伸ばそうとする姿勢でいくのが効果的でしょう。この姿勢で表現感覚を磨くことは、本当の理解力向上にもつながります。

　EU加盟国では母語のほかに2言語を習得することが推奨されていて、欧州評議会はいろいろな提言をしています。運用能力については、「聞く・話す・読む・書く」のそれぞれについて6つのレベルを設けています。「話す」の一部である対話能力の上から2段階目（C1）は、次のように説明されます。

　　Je peux m'exprimer spontanément et couramment sans trop apparemment devoir chercher mes mots. Je peux utiliser la langue de manière souple et efficace pour des relations sociales ou professionnelles. Je peux exprimer mes idées et opinions avec précision et lier mes interventions à celles de mes interlocuteurs.

　　あからさまにことばを探すことなく、自然でなめらかな言いかたで思っていることが表せる。社会生活や職業上の対話において柔軟かつ効果的にことばが使える。自分の考え・意見を明確に言い表すことができ、相手の発言にうまく自分の発言を関連づけることができる。

　なかなか高度な能力です（「聞く」のC1は、こみいった話が理解でき、テレビ番組や映画が分かるレベルとされています）。このC1の説明には、発音のことが出てきませんが、もちろん対話能力にはそれなりの発音能力が不可欠です。発音（と発声）が適正でなければ、聞き手にうまく伝わるはずがありません。といって、「きれいな発音」をめざすのは、大変なわりにあまり意味のあることではないでしょう。対話場面にふさわしい発音（と発声）を心がけるという程度で十分だと思います。それでも、もしも「あの人の話しかたは感じがいいなあ」と思うフランス人がいるのなら、その人の話しかたを真似てみるのも良いでしょう。

　C1 の説明には、" sans trop apparemment devoir chercher mes mots " という語句があります。ことばを探さざるをえない様子があまりに露骨であってはいけない、ことばに詰まったまま話が先に進まないようでは困るということです。もちろん、言いたいことにしっくりくる表現がすぐに出てこないことはだれにもあります。といって、沈黙しているのでは対話になりません。それでは、どうやって切り抜ければ良いか。一つのやりかたは、とにかく思いつく表現をいろいろ並べることです。たとえば、ある女性の話をしていて「当時、彼女はその同僚に友情を感じていた」と言いたいとしましょう。A l'époque, elle *ressentait* de l'amitié pour cette collègue. がぴったりの場面だとしましょう。それなのに、ressentir という動詞が出てこないとします。もしも éprouver が頭に浮かぶなら、" elle éprouvait... " でもかなり近いことが伝わります。「感じる」に対応しそうな動詞がなにも出てこなければ、avoir を使って " elle *avait* de l'amitié pour cette collègue " と言うこともできます。これで大丈夫。sentir はどうかというと、じつは 5 章 4 課（p.140）で見た remarquer と同じような問題があります。つまり、sentir は「外界のなにか」を捉えることを表す動詞であって、自分の中にある感情については使えないのです。他人がいだいている「私に対する憎しみ」を感じ取るというような話なら、" J'*ai senti* la haine pour moi. " のように表すことができます。まったくどんな表現も思い浮かばない場合には、" Comment dirai-je ? "「どう言ったらいいのだろう？」というような決まり文句で時間稼ぎをするのも良いでしょう。

　中級の人にもときどき沈黙が見られます。それは、多くの場合、複雑な内容を一つの文で言い表そうとして行き詰まったための沈黙です。長くて複雑な文につき合うのは、聞く方も大変です。むしろ、自分が使いこなせる語彙・文法の範囲で無理をしないという方針でいく方が賢明です。短い文をいくつか並べれば、言いたいことがより明快に伝わるものです。日本語の対話でも、楽しくやりとりできる相手は、たいてい短かめの文で明快な話しかたをする人だと思いませんか。

C1 の説明の最後の文は、前半が "Je peux exprimer mes idées et opinions avec précision..." です。いうまでもなく、ものごとをきちんと言い表す能力は大事です。そして、自分なりの考え・意見をもっていなければ対話になりません。教養を深めていろいろな問題についてなんらかの見解をもっていることが理想です。文章（とくに文学作品）の読解力の場合も同じことですが、結局、人間として成長することが望ましいというようなことになっていきます。

最後の文は " et lier mes interventions à celles de mes interlocuteurs." で終わっています。相手の発言になんらかの形でかみあうように発言することは、対話の基本です。なんといっても、対話は協同作業ですから。これまでの流れを踏まえない発言は、聞き手を軽んじていることになります。とはいえ、飛躍したことが頭に浮かぶこともあります。そういうときは、「それについてだけど」を表す à ce propos, à ce sujet や「ところで」に相当する à propos, au fait を使って、これまでとは別の方向に話を進めたり新しい話題を持ち出したりすることの予告をすると良いでしょう。

対話は協同作業ですが、もちろん相手に妥協して話を合わせる必要はありません。むしろ、対立点があるなら、それがはっきりするような話しかたをすることを勧めたいぐらいです。フランス人については、議論好きが多いとか、意見の違う人と討論を楽しみたがるとか言われることがあります。たしかに、そういう傾向はありそうです。日本人と話す機会の多いフランス人の中には、「いちばんつまらないのは、反論してくれないことだ」と言う人もいます。もちろん、議論をしようと頑張ることはありません。相手と同じ程度に自己主張するという姿勢で十分でしょう。相手と違う意見を述べる気になったときは、personnellement「個人的には」、pour ma part「私としては」、à mon avis「私の意見では」といった前置きをすることによって、独断的でない姿勢を示すことがよくあります。

6章
聞き手にうまくはたらきかける

私たちは、自分の望む方向に聞き手が動いてくれるように話します。そのために、発言内容が事実であることを聞き手に認めさせる言いかたをすることもあれば、聞き手を立てる好感度の高い話しかたを心がけることもあります。

この章では、おもに聞き手に好感をいだいてもらう話しかたを扱います。話題にするコトを聞き手にどういうものとして提示するかが大きなポイントになります。多くの場合、聞き手とのつながりが希薄で距離のあることとして提示することが、聞き手が抵抗を感じない表現法です。そのことを、非人称構文、「おもう」と「欲求」の表現などを中心に見ていきます。フランス語コミュニケーションが、基本は日本語の場合と同じであることが確かめられることでしょう。

1課　"Il est l'été." と言わないのは？

— 非人称構文

友だちに "Tu as l'heure ?" 「いま何時か分かる？」と時刻を聞かれて、「うん、3時だよ」と答えるとします。1)a のような非人称構文で答えるのがふつうで、ce を主語にする 1)b のようには言いません。

1) a. **Oui, *il* est trois heures.**

   b.× **Oui, *c'*est trois heures.**

こんどは、友だちとロワールの古城めぐりをしているとしましょう。ブロワ城の庭園を歩きながら、"L'air est doux, le ciel est bleu." 「空気は温かで、空は青い」と描写した後に「夏だ」と言うとします。2)a のようには言えません。2)b のように言うのがふつうです。

2) a.× ***Il* est l'été.**

   b. ***C'*est l'été.**

"Il est trois heures." が言えるのに "Il est l'été." が言えないのは、なぜでしょうか。非人称構文を使うのは、どういう場合なのでしょうか。

ça, ce はなにかをさす

指示代名詞 ça, ce は、ふつうは ça の形だけれど être の主語のときだけ ce の形になる代名詞で、働きは、1章3課（p.16）でざっと見たとおりです。人称代名詞 il(s), elle(s), etc. とは違って、既出の名詞グループの言い換えではありません。話し手が、対話現場の自分たちをとりまく世界のなにかを捉えて聞き手に示すときに使うことばです。

3), 4) の話し手は、なんらかのコト（事態）を話題にした後に、それをça, ce でさしています。il でさすことはできません。

3) **Elle n'est pas encore arrivée ? *C'*est curieux. / × *Il* est curieux.**

   彼女はまだ着いていない？　それは変だ。

4) **Je me suis fait couper les cheveux. *Ça* te plaît ? / ×*Il* te plaît ?**

　　髪を切ってもらったんだ。気に入った？

ça, ce は、漠然とであれ、必ずなにかをさします。何をさすかは、多くの場合、対話現場の状況や文脈から聞き手に分かります。

　2) の場合、話し手は、自分たちのまわりに広がる世界を ce でさして、それについて「夏だ」とコメントしているわけです。

非人称の il と「主体を想定しないコト」

　「非人称の il」には、なにかをさす働きがありません。そんなことばを主語にするのは、どういうときでしょうか。まず考えられるのは、はじめから行為主体を想定していないコトの場合です。代表的なのは、自然に発生する気象現象で、特定の動詞や〈faire ＋形容詞〉などで表します。

5) **Hier, *il* a plu le matin mais *il* a fait beau l'après-midi.**

　　昨日は、朝は雨天だったけれど、午後は晴れた。

これは、ある主体についてなにかコメントするという構造の発話ではありません。pleuvoir も faire beau も、それだけで「雨降りである」「晴天である」というコトを表します。行為主体を想定していないのだからどちらも主語は要らないはずですが、そうはいきません。フランス語では主語を立てるのが大原則です。そこで、なにもささない「非人称の il」を使うのです。形だけで中身のない主語なので、「形式主語」と呼ばれています。

　行為主体を想定しないコトの中には、時機・タイミングにかかわるものもあります。たとえば、「〜すべき時である」というコトがそうで、〈être ＋ temps〉で表します。

6) **Il était temps de reprendre le travail.**　　仕事を再開すべき時だった。

　また、「時刻・時期が早い、遅い」というコトもあり、〈être ＋ tard〉や〈être ＋ trop tôt〉などで表します。

7) **Bon, *il* est tard. Tu me raccompagnes ?**

　　さて、遅くなった。送ってくれる？

よく話題にするのは、「〜時である」というコトです。〈être + 数詞 heures〉や〈être + midi [minuit]〉などで表します。1)a はこれに該当していて、〈être + trois heures〉は、それだけで「3 時という時刻である」というコトを表します。話し手は、時刻を相手に伝えようとしているのであって、なにかを ce でさしてそれについてコメントするつもりはありません。そういうつもりの場面なら、8)のように ce を主語にしてそれに〈数詞 heures〉を être で結びつける発話で表すことになります。

8) Le rendez-vous avec la directrice, *c*'était trois heures.

　　　部長とのアポイントメント、それは 3 時だった。

　時間的な意味をもつ名詞（année, jour, lundi, matin, moment, printemps など）のほとんどは、être と組合わせても「主体を想定しないコト」を表すことにはなりません。そういう表現としてフランス人が認知していないからです。2)a の "Il est l'été." が言えないのは、〈être + l'été〉が「今の季節が夏である」というコトの表現として定着していないからです。

「主体を表す主語」を発話の後半に

　私たちは、なにかある主体についての評価をよく口にします。その主体がすでに対話に出てきている場合は、9)のように、それをさす代名詞を主語にして、その後に評価コメントをつづけるのがふつうです。

9) A : Tu connais l'amie de Louis-Alban ?　L.-A. の恋人知ってる？

**　B : Véronique ? Oui, bien sûr. *Elle* est très sympathique.**

　　　ヴェロニク？ うん、もちろん。彼女はとても感じがいい。

　行為やコトについて〈主体＋評価〉の順序で表してみましょう。

10)?（De) chercher à comprendre ce genre d'individus est inutile.

　　　この種の人間を理解しようと努めたりするのは無益なことだ、。

11)? Que cette proposition n'ait pas été retenue par le gouvernement est regrettable.

　　　その提案が政府に採用されなかったことは遺憾だ。

すぐに分かるように、主語が長くて重い発話になってしまうので、対話に
おいてこの語順の発話を使うことはめったにありません。

　たいていは、まず評価を〈il est 形容詞〉で表します。そして、その後
に主体である行為やコトを〈de 原形〉または〈que 節〉でつづけます。

10') *Il* est inutile de chercher à comprendre ce genre d'individus.

**11') *Il* est regrettable que cette proposition n'ait pas été retenue par le
　　gouvernement.**

こういう発話において実質的な主体を表す〈de 原形〉または〈que 節〉
は、「実主語」と呼ばれています。

後半で「存在・出現などの主体」を表すとき

　「なにかがある、ない」や「なにかが起こった」というコトを伝えると
きは、主体の「なにか」がポイントです。そこが聞き手に伝えたい情報の
核心です。それで、存在・出現にかかわるコトの場合、話し手は「なに
か」を明らかにするのを発話の後半にまわすのがふつうです。

12) Naturellement, *il* y a des gens qui ne pensent pas comme nous.

　　当然のことながら、いますよ、私たちのように考えない人が。

13) *Il* lui manque encore quelques milliers d'euros.

　　その人にはまだ不足している、何千ユーロかが。

14) *Il* leur est arrivé une chose vraiment bizarre.

　　彼らの身に起こった、本当に奇妙なことが。

　前半では、〈il ＋動詞〉によって存在・出現という行為を伝えるだけで、
主体が何であるかは伏せています。そうしておいて、後半で、実主語であ
る名詞グループを言うことによって主体を明らかにしています。こういう
語順は、聞き手の注意を大事な情報に引きつけるのに適しています。

　12)～14)の実主語は、聞き手にとって初耳です。それを発話の冒頭に
いきなり言うと、聞き手はとまどうことになります。一般に、聞き手の意
識にのぼっていない事物から話を始めることは避けるものです。

2課　「あらたまり」は聞き手からの距離？

―― je と ça, ce と非人称の il

　1）は、ありふれた発話です。「彼女がイタリアで長く暮らしたことがある」というコト（事態）について、「ありうる、可能」というモダリティ（コトのありかた）を副詞 peut-être で表しています。非人称構文の 2）をこれと比べてみましょう。2）は、コトについて「ありうる」というモダリティを主節の〈il est possible〉で表しています。全体として 1）とほぼ同じ内容を表していますが、文体がかなり違います。

　1）Elle a *peut-être* vécu en Italie très longtemps.

　2）*Il est possible* qu'elle ait vécu en Italie très longtemps.

1）がふつうのことばづかいであるのに対して、2）は「あらたまった文体」という感じがします。

　3）も、よく使う発話です。「彼女がすべての事情に通じている」というコトについて、「確実、必然」というモダリティを動詞 devoir で表しています。非人称構文の 4）をこれと比べてみましょう。内容はほぼ同じでも、文体が少し違います。

　3）Elle *doit* être au courant de tout.

　4）*Il est certain* qu'elle est au courant de tout.

3）が標準的な言いかたであるのに対して、4）は「あらたまった文体」という感じがします。

　構文を見ると、1）と 3）は、単純な構造（単文）の発話です。それに対して、2）と 4）は、〈que 節〉のコトのモダリティを主節〈il est 形容詞〉で表す二重構造（複文）の発話です。一般に、発話の構造がより複雑であれば、相手がそれだけ高度な表現と感じる傾向があるのは確かです。しかし、それだけではなさそうです。発話の主語が表す主体を、聞き手がどの程度の距離に感じるかも関係しそうです。

je / ce / 非人称の il と「あらたまり」の程度

4) とほぼ同じ内容は、主語として je または ce を使う 5), 6) でも表すことができます。5) には「標準的な文体」、6) には「くだけた文体」という感じがともないます。

5) *Je* suis sûr qu'elle est au courant de tout.

6) *C'*est sûr qu'elle est au courant de tout.

この 6) によく似た発話に次の 6') のようなものがあります。途中に休止があることに注意してください。

6') *C'*est sûr, qu'elle est au courant de tout.

"C'est sûr." は、これだけで十全の文として通ります。非人称構文の "×Il est certain." がそれだけでは完全な文でなく、〈que 節〉をつづける必要があるのと対照的です。6') の休止の後の〈que 節〉は、ce でさすのが何であるかを聞き手に分かってもらうために言い添えている要素（ce と同格）だから、6') は、6) と違って単文です。

こうして見てくると、〈que 節〉のコトのモダリティを〈主語 + être + 形容詞〉の主節で表す複文の発話は、主語として je, ce, 非人称の il を用いる三種類ということになります。そして、「あらたまり」の程度は、「ce ＜ je ＜非人称の il」という順に高くなっています。

これは、〈je 動詞〉が〈c'est 形容詞〉または〈il est 形容詞〉と似たような内容を表す場合の三つの発話が与える印象と同じです。たとえば、7), 8) を見てください。主語が je の発話は「標準的」、ce または il の発話はそれぞれ「くだけた」または「あらたまった」感じです。

7) *Je* doute〔*C'*est douteux / *Il* est douteux〕que le nouveau directeur ait bien compris la question.

こんどの部長が問題をよく理解しているかどうか疑わしい。

8) *Je* regrette〔*C'*est regrettable / *Il* est regrettable〕que leur tentative soit vouée à l'échec.

彼らの試みが失敗を運命づけられていることは残念だ。

ça, ce は「くだけた文体」で il は「あらたまった文体」

　主語が ce の発話は日常生活でしょっちゅう使います。対話現場でいだく素朴な意見・感想などを聞き手に伝えるのに、"C'est sûr."「それは確かだ」のような単文がしっくりくるのです。複文である〈c'est 形容詞 + que 節〉の発話もくだけた話しかたの場面でよく使います。

　一方、非人称構文を使うのは、あらたまった話しかたの場面にかぎります。9), 10) を見てください。9) では、pas だけで否定文を作っています。10) は、リラックスした場面で使う形容詞 dégueulasse を含んでいます。どちらも「くだけた文体」の要素なので、非人称構文は違和感があります。

9) a. *C'est pas facile d'être gentil avec eux.*
　　b.?*Il est pas facile d'être gentil avec eux.*

　　　彼らに親切にするのは楽じゃない。

10) a. *C'est dégueulasse de lui avoir fait ça.*
　　b.?*Il est dégueulasse de lui avoir fait ça.*

　　　あいつにそんなことをしたなんてキタナイ。

9) a, 10) a では、「楽じゃない」「キタナイ」と感じていることを聞き手に伝えたいという気持ちから、とにかく "C'est pas facile," "C'est dégueulasse" と言っておいて、その後に何についての話であるかを〈que 節〉で補足するという素朴で自然な話しかたです。

　もちろん、主語が ça の発話も、ce と同じようにくだけた話しかたの場面でよく使います。それに対して、非人称構文は、「あらたまった文体」以外では避ける傾向があります。その例が 11) です。話し手は、ごく親しい友だちに向かって、プライベートな内容の質問をリラックスした調子でしています。

11) a. *Dis, ça te plairait d'y aller avec ton mec ?*
　　b.?*Dis, il te plairait d'y aller avec ton mec ?*

　　　ねえ、カレシといっしょにそこに行きたくない？

こういう場面では、非人称構文はかなり違和感があります。

je の「聞き手からの距離」

　発話の主語が表す主体を、聞き手がどの程度の距離に感じるかを検討してみましょう。まず、「標準的な文体」という印象を与える je の場合です。聞き手は、je の表す主体（話し手）とのあいだの距離をどのように捉えているのでしょうか。je を主語とする発話を耳にすると、当然、聞き手は、"je / tu"（または "je / vous"）の対立に立脚した対話関係があることをはっきり意識します。聞き手にとって、話し手は対話関係の一方であり、向き合っている相手です。聞き手が話し手の人物や発話内容に好感・共感をいだく場合は，親近感をいだくことになります。反感・反発を覚えるような場合は、対峙または敵対する相手として話し手をやや遠い存在と捉えることになります。これら二つのあいだにはさまざまな段階がありますが、聞き手は、話し手と自分とのあいだに、つねにある程度（中程度）の距離があるものと捉えています。

ça, ce と il の「聞き手からの距離」

　ça, ce の基本の働きは、話し手が対話現場で捉えて聞き手に示そうとするなにかをさすことです。聞き手にとっては、ça, ce がさすのは、対話現場にあって、手を伸ばせば捉えられそうな、身近に感じられるなにかです。つまり、ça, ce がさすものの「聞き手からの距離」は小さいのです。

　非人称の il は、なにもささないことばであり、聞き手は自分とのつながりを感じません。発話の内容は、聞き手とつながりがなく遠いという感じがします。非人称構文は、それだけ知的・抽象的な操作が必要な表現形式であり、そのために「あらたまった文体」という印象を与えるのです。

　じつは、5), 6) の sûr と 4) の certain も語感がかなり違います。sûr はいろいろな文体で使いますが、certain は「あらたまった文体」にかぎります。これは、人の状態（安心・信頼）を表すのが基本の sûr が確信の気持ちの表現に適しているのに対して、ものごとの状態（確実）を表すのが基本の certain がコトを距離をおいて評価する場面に適しているからです。

3課　対人関係を croire で調整する？
— je crois と il me semble

　バカンスを日本で過ごしたレアがパリに戻ってきました。友だちに日本の地理を説明しているところに、あなたが居合わせたとします。レアが、"Entre Tokyo et Osaka il y a une grande ville qui s'appelle Nagano." 「東京と大阪のあいだに大きな都市があって、名前はナガノ」と間違ったことを言いました。あなたが 1) のように「それはナゴヤ」ときっぱり断定すると、知っているのが当然の事実という感じになり、レアの面子が傷つくおそれがあります。

1) C'est Nagoya.

　こういう場面では、1') のように自信のなさそうな言いかたをすると、レアが知っていなくてもなんら不思議のないことと聞き手（レアと友だち）が受け取ってくれることが期待できます。

1') _Je crois_ que c'est plutôt Nagoya.

　　　むしろ名古屋だと思うけど。

　je crois は、「自分が思うには」を表します。croire が表すのは「（確かな根拠はないが）思う、信じる」行為なので、「なんとなくそう思う」という感じです。1') の場合、〈que 節〉のコト（事態）について「確実さの度合いがそれほど高くない」というモダリティを表すことになります。plutôt「どちらかといえば」という副詞も、その方向で作用しています。

謙虚な姿勢を示す

　ちょっとした問題があって、何人かで相談しているとします。友だち同士なら、なにかいい解決策が頭に浮かんだら、"Je connais la solution !"と断言しても構わないでしょう。しかし、勤務先の会議などの場合は、2) のような言いかたをよくします。話し手は、自信たっぷりに断言すると聞

き手に傲慢と思われてしまうだろう、謙虚な姿勢でいく方が好感度が高いだろうと考えて、je crois を使うこともあるわけです。

2）*Je crois* que je connais la solution.

解決策が分かったように自分では思うんですが。

日本語でも似たようなことがあります。たとえば、会社のパーティで司会を務める社員は、「では、乾杯したい」と断言したりしません。まるでワンマン社長であるかのように聞こえてしまいます。「では、乾杯したいと思います」と言えば、謙虚な感じになります。2）についても言えることですが、「思います」を付け加えることで、自分の主観的・個人的な意見にすぎないという姿勢が聞き手に伝わるからです。

責任を回避する

自分では事実であることを確信しているときでも、万一それが間違いであった場合に責任を問われることがないよう慎重に発言することがあります。je crois は、そういう場面でも役立ちます。たとえば、3）の話し手はブティックの店員で、客のサイズであることを確信している衣料品をすすめるにあたって、万一の場合にプロの面子を失わなくてすむよう、責任を負わなくてすむよう配慮して聞き手に伝えています。

3）*Je crois* que celui-là fait votre taille.

こちらのものがお客様のサイズだと思います。

4）の話し手は、友だちの好みであることを確信している映画を、やはり慎重な言いかたですすめています。

4）*Je crois* que ce film te plaira beaucoup.

この映画はうんと気に入ると思うよ。

聞き手の受ける衝撃をやわらげる

聞き手にとってマイナスの事実を、それでも伝えないわけにはいかないということがときどきあります。そういうときに、聞き手が受けると思わ

れる衝撃をやわらげようとして、je crois を使うことがあります。たとえ
ば、5）の場面ではコトに気づかないでいる聞き手に伝えるにあたって、6）
の場面では深刻なコトをまだ知らないでいる聞き手にそれを伝えるにあ
たって、話し手はショックをやわらげようと配慮しています。

5）*Je crois* que tu as fait des taches de café sur ta chemise.

> ワイシャツにコーヒーのしみがついてるみたいだよ。

6）*Je crois* que votre entreprise a déposé son bilan.

> お宅の会社は倒産したのだと思います。

7），8）の話し手は、「奇異な感じ」を与えかねないコト（人前で泣く、
バカンスが嫌い）を伝えるにあたって、聞き手が受けるかもしれないある
種のショックをやわらげようと配慮しています。

7）*Je crois* que je vais pleurer.

> 私は泣きだすと思います。

8）Cette année je me suis ennuyé en vacances. *Je crois* que je n'aime
pas les vacances.

> 今年、バカンスで退屈した。私はバカンスが嫌いみたいだ。

独断的でない姿勢を示す

話し手は、自分の意志でひき起こそうとしているコトを伝えるにあたっ
て、好き勝手に振舞っていると受け取られないために je crois を使うこと
があります。たとえば、9）の場面では自分を招待してくれた家の人に帰
宅の意志を伝えるにあたって、10）の場面では独りで出かける意志を伝え
るにあたって、聞き手に対する配慮なしに独断でことを運ぼうとしている
という印象を与えないように努めています。

9）*Je crois* que je vais partir.

> そろそろおいとますることになると思います。

10）Puisque tu préfères rester à la maison, *je crois* que j'irai toute seule.

> あなたは家にいたいのだから、独りで出かけることにすると思う。

je crois と il me semble の使い分け

断定を避ける場面では、je crois ほどでないにしても、「〜だと見える、思われる」を表す il me semble もよく使います。この表現は、je crois よりも確信の度合いが低くて自信がないという印象を与えます。1') や 3)~6) の場面で使うのは問題ありませんが、7)~10) の je crois の代わりに使うのは不自然です。

7') ×*Il me semble* que je vais pleurer.

8') ×*Il me semble* que je n'aime pas les vacances.

9') ×*Il me semble* que je vais partir.

10') ×**Puisque tu préfères rester à la maison,** *il me semble* **que j'irai toute seule.**

一般に、〈que 節〉が話し手自身のことを表す場合のモダリティ表現としては、je crois は適切なのに、il me semble は不自然です。それは、je crois が話し手の主観的判断を表すのに対して、非人称構文の il me semble が「ものごとが自分には〜と見える」という外界から受ける印象を表すからです。il me semble の方が「確信の度合いが低くて自信がない」という感じがするのも、主体的な判断・評価ではなく、外界から受ける印象にとどまっているからです。

じつは、il me semble は、皮肉を言うときにも用います。たとえば、11) は電器店で店員が新製品のデモンストレーションをしたところ、うまくいかなかった場面です。話し手は、それを見ていた客です。

11） *Il me semble* que votre nouveau modèle est tombé en panne.

> どうやら新製品は故障したみたいですね。

話し手は、明らかな事実を事実でないかのように言っています。

「皮肉」という効果をあげるのに je crois よりも il me semlbe の方が適性があるのは、非人称構文で表すコトが話し手・聞き手との結びつきが希薄である分だけ現実感が薄いからです。また、il me semble に「ややあらたまった文体」という感じがあるのは、非人称構文であるためです。

4課 "J'aimerais…"で希望が伝わるのは？
— 欲求・好感の動詞と条件法現在

　パリの路線バスはエアコンがないので、暑い日には窓を開けて外の空気を入れたがる人が出てきます。ところが、閉めたままを望む乗客（たとえば、吹き込む空気に当たるのは体に悪いと思っている人）もいます。そこで、窓の開閉をめぐって乗客同士がもめたりしないように、ルールが掲示してあることがあります（このこと自体、おもしろいですね）。

> **Ouverture et fermeture des fenêtres**
> **Vous pouvez ouvrir ou fermer les fenêtres selon votre désir.**
> **En cas de désaccord entre voyageurs, priorité est donnée à**
> **celui qui（　　　　）fermer la fenêtre.**
>
> 窓の開閉について
> 希望により窓の開閉をして構いません。乗客のあいだで希望が分かれる場合は、窓を閉めるのを望む人に優先権があるものとします。

（　　）には次の 1~4 のうちのどれをがもっとも適切でしょうか。

　　　1. a envie de　　2. désire　　3. souhaite　　4. veut

欲求・願望の動詞（句）のいろいろ

　掲示に使ってあるのは 3 の "souhaite" です。動詞 souhaiter は、「良いことを願う」を表します。乗客の「窓を閉めることができるといいなあ」という願望を穏やかに表わすのに適しています。

　avoir envie は、「なぜか〜したい、むしょうに〜したい」といった衝動的欲求・生理的欲求を表すのに適しています。大人の乗客が "J'*ai envie de* fermer la fenêtre." と言うことはめったにないでしょう。子供がだだを

こねているように聞こえます。

　désirer は、「欠如感があるのでなんとか満たしたい」という願望、それも実現が他人の意志や状況しだいの願望を表します。穏やかで知的な文体に適した動詞です。窓の開閉の掲示で使うことはありえますが、乗客が "Je *désire*..." と言うことはまずないでしょう。désirer は、サービス業の人があらたまった口調で客の希望をたずねるときによく使います。レストランでは「何にいたしましょうか?」を 1）のように言います。

1）Vous *désirez* ? / Que *désirez*-vous ?

　また、家具店でテーブルを買ったりすると、店員が 2）のように聞いてくれることがあります（la は la table を受けています）。

2）*Désirez*-vous qu'on vous la livre à domicile ?

　　　これをお宅にお届けいたしましょうか?

　vouloir は、3 章 3 課（p.77）で見たように、「欲求がある、行動の意欲がある」を表します。だから、「閉めたい、閉めるつもりだ!」と言い張るような場面なら、"Je veux fermer la fenêtre !" を使うことになります。

"J'aimerais..." の方が "Je voudrais..." より婉曲

　欲求・希望を伝える場面では、vouloir の条件法現在とならんで aimer の条件法現在もよく使います。「キムとイザベルを夕食に招待する」「あなたが仕事の話をするのを聞く」というような行為についての欲求・希望は、3），4）のように言います。

3）Je *voudrais*〔J'*aimerais*〕inviter Kim et Isabelle à dîner.

4）Je voudrais〔J'*aimerais*〕vous entendre parler de votre métier.

　また、「あなたが独りで私のオフィスに来る」というようなコト（事態）についての欲求・希望は、5）のように言います。

5）Je *voudrais*〔J'*aimerais*〕bien que vous veniez à mon bureau tout seul.

je voudrais と j'aimerais は、語感がかなり違います。je voudrais は、行為・コトの実現のために行動を起こす意欲があるという感じです。一方、aimer は「好ましく思う」という感情・感想を表す動詞なので、j'aimerais には実現の意欲といった要素はなく、穏やかな感じです。je voudrais も je veux よりは婉曲ですが、j'aimerais はさらに婉曲な表現です。聞き手に迫る感じがないので、好感度が大事な依頼の場面でよく使います。

"J'aimerais..." は「ありそうにない仮定」の帰結

3) ~ 5) を現在形を使って 3') ~ 5') のように言い換えてみましょう。

3') Je *veux* [*J'aime*] inviter Kim et Isabelle à dîner.

4') Je *veux* [*J'aime*] vous entendre parler de votre métier.

5') Je *veux* [*J'aime*] bien que vous veniez à mon bureau tout seul.

je veux は、欲求の表現です。ところが、j'aime は、これまでにしたことのある行為または立ち会った経験のあるコトについて好ましい感情・感想をいだいていることを表しています。希望の表現ではありません。

それなのに、j'aimerais を使う 3) ~ 5) は希望を伝えています。これは一体どういうことでしょうか。謎をとく鍵は、条件法現在の働きにあります。まず、6) と 6') を比べてみましょう。

6) Je *suis* content de te revoir de temps en temps.

ときどき会えて嬉しい。

6') Je *serais* content de te revoir de temps en temps.

ときどき会えると嬉しいのだけれど。

6) の je suis content は、現在スペースにおける「嬉しく思っている」という自分の状態を表しています。これと違って、6') の je serais content は条件法現在で、「嬉しく思う」状態を「ありそうにないことの仮定」の帰結として表しています。つまり、万一「ときどき会う」行為が実現するようなことがあれば（仮定）、その帰結として「嬉しく思う」状態になるのだけれどと言っています。こういう話の流れから、「ときどき会う」行為

174

の実現を望んでいることが聞き手に伝わるしくみです。

3)～5) の j'aimerais の発話で希望が伝わるのも、これと同じしくみです。j'aimerais は条件法現在で、「好ましく思う」感情は「ありそうにないことの仮定」の帰結です。もしも「K と I を夕食に招待する」行為、「あなたが仕事の話をするのを聞く」行為、「あなたが独りで私のオフィスに来る」というコトが実現するようなことがあれば（ありそうにないことの仮定）、「好ましく思う気持ちになるのだけれど」（帰結）と言っています。このような話の流れから、話し手が行為・コトの実現を希望していることが聞き手に伝わるのです。

ということで、好感情を話し手がいだくことになるかどうかは、「ありそうにないことの仮定」を踏まえての話です。聞き手からすると、遠い世界のことに聞こえます。それで婉曲な感じを受けるのです。

聞き手の内面に踏み込まない

欲求・願望は人の心の奥にあるものだけに、口にすることが微妙な場面もあります。たとえば、日本語では、目上の来客に向かって「何が飲みたいですか」とか「コーヒーが欲しいですか」というように「～したい」や「欲しい」を使うことは、ふつうはしません。聞き手の欲求を話題にするのは控える方が安全なことがあります。フランス社会でも同じで、7), 8) のような発話は、aimer の条件法現在を使っても、聞き手との関係によっては「ぶしつけな質問」になりかねません。

7) Qu'est-ce que vous *aimeriez* [*voudriez*] boire ?

8) *Aimeriez*-vous boire un café ? / *Voudriez*-vous（boire）un café ?

　　こういう場面では、7') や 8') のような言いかたをよくします。

7') Qu'est-ce que je *peux* vous *proposer* comme boisson ?

8') Je *peux* vous *proposer* un café ?

飲み物をすすめることについて pouvoir を使って許可を求める表現法だから、聞き手を尊重する姿勢ということになります。

5課　うまくはたらきかける言いかたは？

― 聞き手の認識・共感、婉曲

　　自分の望む方向に聞き手が動いてくれるようにするには、どのような姿
勢で話すのが効果的でしょうか。たとえば、発言内容を聞き手も事実と認
めていることにする話しかたが考えられます。また、聞き手を立てて好感
度の高い話しかたを心がけることも考えられます。

　　まず、事実と認めていることにする話しかたです。1) は現在スペース
のコト（事態）を表しますが、2) はそれだけではありません。

　1）**Ils disent n'importe quoi pour me déstabiliser.**

　　　　私を動揺させようとして彼らはでたらめを言っています。

　2）a. *Vous savez* qu'ils disent n'importe quoi pour me déstabiliser.

　　　b. *Tout le monde le sait*, ils disent n'importe quoi pour me déstabiliser.

2) の話し手は、コトが事実であることを「あなたは知っている」「だれも
が知っている」と言っています。はじめから聞き手にとっても事実である
ことにしてしまう表現法です。同じ効果をあげるために、comme vous le
savez「あなたも知っているように」や on le sait「周知のことだけれど」な
どを使うこともあります。

　　また、5 章 5 課（p.146）で見た voir の「理解」の用法によって、事実で
あることを聞き手も分かっていることにして話を進めることもあります。

　3）*Vous voyez* que je n'ai jamais trahi personne.

　　　　お分かりですよね、私がこれまでだれも裏切ったことがないことは。

　　さらに、あるコトを伝えるときに、「明白な事実」というモダリティを
表す非人称構文を使うこともあります。

　4）*Il est évident* que c'est maintenant une affaire d'Etat.

　　　　それがいまや国家的事件であることは明白だ。

　　これらの表現法は、強引な印象を与えてしまうと逆効果になります。

聞き手の共感を確かめながら話す

　聞き手を自分の秘密を分かち合う間柄の人間に仕立てることによって、発言を共感をもって聞いてもらおうとする表現法もあります。5) は、たとえば、人事異動を考える時季を迎えて、聞き手が味方になってくれることを期待しての発言です。

5) *Entre nous*, l'équipe actuelle m'a vraiment déçu.

　　　　　ここだけの話だけれど、今のチームには本当にがっかりだ。

　共感といえば、助言の行為は微妙です。助言することは、聞き手より高みに立つことなので、へたをすると共感をそこなうおそれがあります。そこで、6), 7) のように、聞き手の許しを前提にしている旨の前置きを言うことによって、共感を失わないように努めることがあります。

6) *Si vous me permettez un conseil*, vous feriez mieux de lui en parler.

　　　　助言させてもらうと、それについて彼女に話す方がいいでしょう。

7) *Si je peux te suggérer quelque chose*, tu devrais consulter le médecin.

　　　　口出ししてよければだけど、医者にかかるべきだろうね。

　話し手は、これらの前置きで高みに立つのを避け、聞き手の好感を保つようにしています。同じような効果をあげるために、mais si tu veux bien me permettre「でも、もし言わせてもらってよければ」のような前置きをすることもあります。

聞き手に同意していないことを婉曲に表す

　一般に、同意することを伝えるときは、どんな言いかたでも好感してもらえます。問題は、同意しないときです。確かに、8), 9) のようにストレートに表す方が好感してもらえることもあるでしょう。9) は、言いかたによっては攻撃的に聞こえますが、それが適切な場面もあるでしょう。

8) Je ne suis pas d'accord. / Ce n'est pas vrai ! / Pas du tout !

9) Tu plaisantes ! / N'importe quoi ! / Qu'est-ce que vous racontez ?

　　　　冗談だろ！ / でたらめばかり！ / 何を言ってるんですか。

しかし、聞き手との関係や対話場面の性格によっては、不同意をストレートに表すことが聞き手の不快感・敵対感情につながるかもしれません。それを避けて、できるだけ好感度を保とうとする場合は、婉曲な言いかたをすることが考えられます。たとえば、10), 11) です。

10) Je ne suis pas tout à fait d'accord. / Je n'en suis pas si sûr.

　　完全に賛成ではない。/ それほど確信はもてない。

11) Je ne sais pas si je suis d'accord.

　　賛成かどうか分からない。

不同意だと聞き手は受け取りますが、文字どおりの意味が「同意しきれない」であるために、8), 9) に比べてはるかに穏やかな感じです。

　また、12), 13) のような言いかたもよくします。

12) Peut-être. / C'est possible.

　　そうかもしれない。

13) Si vous voulez. / Si vous le dites. / Si c'est vous qui le dites.

　　そう思うのなら。/ そう言われるのなら。

これも不同意だと聞き手は受け取りますが、10), 11) とも違って、むしろある程度は同意していることを表しています。だから、不快感を与えるおそれはほとんどない。12), 13) が不同意を伝える発話と解釈されるのは、同意をはっきり表明しないことから生まれる表現効果です。要するに、10)~13) は、どれも不同意であることを婉曲に伝える表現ということになります。聞き手を立てる、好感度のかなり高い話しかたと受け取ってもらえる表現法です。

きっぱりと断ったりしない

　相手の誘いに対して、受け入れる旨の返事をするときは、どんな言いかたでも歓迎してもらえます。しかし、断りたいときは、場合によっては注意が要ります。14) は、あるパーティーで知り合った A と B のやりとりです。B の答えを見てください。誘いを受け入れているのでしょうか。そ

れとも断っているのでしょうか。

14) A : Il y a une exposition à ne pas rater. Vous êtes libre samedi ?

ぜひ観るべき展覧会があります。土曜日は空いてます?

B : Peut-être. Je vais voir.

積極的に誘いに応じる返事でないのは確かです。といって、"Je regrette, mais je ne suis pas libre."「あいにく空いていません」という明確な断りでもありません。"peut-être" は、「ありうる、可能」というモダリティ（コトのありかた）を表しています。「もしかしたら（空いているかも）」ということです。"Je vais voir." は、都合がつくかどうか考えてみるという趣旨です。A は、「どうも断られそうだ」と受け取ることでしょう。なぜなら、曖昧な返事をするのはたいてい誘いを断る場合だからです。そして、この答えかたなら、頑張りしだいでは B が誘いに乗る余地が残っていると判断することでしょう。似たような答えかたに "Ça dépend."「場合によります」というのもありますが、A は "Ça dépend de quoi ?"「何によるのですか?」と追いすがってくることが十分に考えられます。

聞き手の希望に水をさしたりしない

これからの計画や将来の希望を明るい表情で話している人に向かって、水をさすようなことを言うのはためらわれます。たとえば、"Puis, je pense travailler dans une entreprise japonaise à Paris."「それから、パリの日本企業で働くつもりです」と意気込んでいる人に向かって、"C'est impossible."「それは無理なこと」と断言すると、その人は気分を害することでしょう。それを避けようとする場合は、15) のような言いかたをすることが考えられます。

15) Ça va être difficile. / Ce ne sera pas facile.

それは難しい。/ 簡単ではないだろう。

これなら、「それは無理なこと」と判断していることが伝わるにしても、聞き手にとってより好感度の高い話しかたということになります。

索引

数字は各項目が取り上げられている章と課を表す。例えば、1-3 は 1 章 3 課。

あ

アスペクト	1-7, 2-1
意志	2-3
移動の動詞	2-2, 3-1, 3-2, 3-4, 4-1
意欲・願望の動詞	3-3
依頼する	1-6, 3-3, 6-4
婉曲に言う	6-4, 6-5

か

確定的（事実）	2-2, 2-3, 2-6
過去完了	2-5
過去スペース	2-4~2-7, 3-2, 3-4, 5-3
過去の出来事	
	2-3, 2-5, 2-6, 3-2, 4-5, 5-3
仮定する	2-7, 6-4
可能性	3-7
関係辞	4-1~4-4, 4-6
間接話法	2-6
完了段階（行為の）	1-7, 2-1
聞き手	1-2~1-6, 2-2, 3-3, 3-4
聞き手が感じる脅威	3-3, 3-4
聞き手からの距離	6-2
聞き手との関係	
	1-1~1-3, 3-3, 5-7, 6-4, 6-5

聞き手に対する配慮	
	1-6, 2-7, 3-3, 5-1, 6-3, 6-5
帰結（仮定の）	2-7, 6-4
起点（開始時点）	4-5, 4-6
近接未来	2-4
結果	4-3
原因・理由	4-3, 4-7
限界（終了時点）	4-2
原形	1-7, 4-1~4-4, 5-1~5-6, 6-1
現在完了	2-3
現在形	2-1
現在スペース	2-1
現実（感）	1-6, 2-1, 2-6, 2-7, 4-4
行為主体・行為対象	
	1-4, 1-6, 1-7, 3-5, 3-6, 4-4, 5-5, 5-6
語順	1-6, 4-3, 4-7, 6-1
コト（事態）	
1-7, 2-7, 3-7, 4-1,4-5, 5-3, 5-5, 6-2~6-4	
ありそうにないコト	2-7, 6-4
ことばづかい	1-1, 1-2, 1-6, 6-2
断る	3-3, 6-5

さ

時況節	2-3, 4-4, 5-6
思考動詞	5-2, 5-4

指示する（行動を）	1-2, 1-6
指示代名詞 ça（ce）	1-3, 6-1
事実・事実述語	5-1~5-7
時制の一致	2-6
持続	2-1~2-5, 4-2, 4-5, 4-6
主節	2-4, 2-6, 4-4, 5-4, 6-2
状況	4-1~4-7
観念（因果・論理）状況	4-1, 4-3
時間的状況	4-1, 4-4
条件法現在・過去	2-6, 2-7, 6-4
譲歩節	4-7
自立性	4-1~4-4
推測	2-3
接続詞	4-1~4-4, 4-6
接続法	
1-7, 4-1~4-4, 4-7, 5-1, 5-2, 5-4, 5-5	
前後関係	4-2, 4-4
前置詞	4-1~4-4, 4-6
前未来	2-3, 2-7, 4-5
存在・出現	6-1

た

大過去	2-4~2-7
代名動詞	3-5
対話現場・対話場面	1-2~1-5, 2-1,
2-2, 2-4, 2-5, 2-7, 3-1~3-3, 6-1, 6-2	
断定する	2-7
知覚	3-6, 5-6

中性代名詞 le	1-3
聴解	5-6, 5-7
調子（具合・都合）を表す	3-1, 3-2
直説法	
2-1, 2-6, 2-7, 3-6, 4-1~4-4, 4-7, 5-1~5-7	
提案する	1-6, 2-7
丁寧さ	1-2, 2-7
伝聞	5-6
同時	4-7, 5-6

な

人称代名詞	1-5, 1-6
人称代名詞強勢形	1-2, 1-4

は

発言を伝える	2-6
発言動詞	2-6, 5-1, 5-2
半過去	2-4~2-7
語調緩和の半過去	3-3, 3-4
非人称構文	6-1~6-3
不確定	2-3, 2-7
複合過去	2-1~2-3, 2-5, 3-1, 3-2
文体	4-7, 5-1~5-3, 5-6, 6-2, 6-4
あらたまった文体	4-7, 5-1, 5-3, 6-2
くだけた文体	3-2, 6-2
補足節	2-6

ま

未来完了	2-3
未来形	2-3, 2-7, 4-5
命令文	1-2, 1-6, 1-7, 3-3
目的	4-1, 4-3
モダリティ	2-1, 3-7, 6-2, 6-3, 6-5

や

欲求を表す	3-3, 6-4

ら

理解する	5-5~5-7, 6-5
理由節	4-7

わ

ワープする	2-4

a-z

aimer	6-4
aller	2-1, 2-3, 3-1, 3-2
alors	4-7
apercevoir（s'）	3-6, 5-4
après（que 節）	4-1, 4-4
avant	4-1, 4-2
avoir / être（助動詞）	2-2, 3-5
bien	3-1, 4-3, 4-7
comme	4-7
croire	5-3, 6-3
depuis	4-5, 4-6
désirer	6-4
dire	5-1
douter	5-2
entendre	5-6, 5-7,
être	3-2
il（非人称）	1-7, 6-1, 6-2
imaginer（s'）	3-6
jusqu'à	4-2
nous	1-2, 1-5
on	1-4
penser	5-3
pour	4-3
pouvoir	3-3, 3-7
remarquer	5-4
se	3-5~3-7
si（接続詞）	2-7
si bien que	4-3
souvenir（se）	5-4
trouver	5-3
tu と vous	1-2, 1-5
venir（語調緩和の半過去）	3-4
voir	5-5, 5-7
vouloir	3-3, 6-4

本書は、2011 年に小社より刊行された『中級フランス語 つたえる文法』
の新装版です。

著者略歴
曽我祐典（そが ゆうすけ）
1944 年生まれ。関西学院大学名誉教授。専門はフランス語学・フラン
ス語教育学。
主要編著・著書
『コレクション・フランス語 ①入門 ②初級 ③文法 ④話す』（白水社、
共著）、『フランス語における状況の表現法』『フランス語がわかる』（と
もに白水社）、『フランス語学の諸問題 I〜IV』（三修社、分担執筆）、『フ
ランス語学の最前線 1, 3』（ひつじ書房、分担執筆）、『コンコルド和仏
辞典』（白水社、共編）、『ロベール・クレ仏和辞典』（駿河台出版社、共
編訳）。

中級フランス語 つたえる文法［新装版］

2023 年 12 月 10 日　印刷
2024 年 1 月 5 日　発行

著　者 ©曽　我　祐　典
発行者　　岩　堀　雅　己
印刷所　　株式会社精興社

発行所　〒101-0052 東京都千代田区神田小川町 3 の 24
　　　　電話 03-3291-7811（営業部），7821（編集部）　株式会社白水社
　　　　www.hakusuisha.co.jp
　　　　乱丁・落丁本は送料小社負担にてお取り替えいたします。

振替　00190–5–33228　　Printed in Japan　　加瀬製本

ISBN978-4-560-08997-2